7일
창조의 설계도

7일 창조의 설계도

창세기 1장 강해

최영삼 저

도서출판 겨자씨앗

목차

1부 창세기 서론

머리말

창조론과 창조론의 핵심근거는 창세기 1장이다. 당연히 창세기 1장을 제외하고 창조론은 논할 수 없다. 그만큼 창조론에 있어서 창세기 1장의 해석은 절대적인 것이다.

창세기 1장을 모르는 사람들은 드물다. 성경을 하나님의 말씀으로 믿는 유신종교의 창조론자들뿐만 아니라 믿지 않는 진화론자들까지도 창세기 1장에 관심이 없는 사람을 거의 보지 못했다. 창세기 1장의 해석은 창조론자들뿐만 아니라 진화론자들에게도 대단히 중요한 문제이기 때문이다.

창세기 1장이 일점일획도 오류가 없는 완전한 하나님의 말씀이란 것을 과학적으로 입증하기만 하면, 기독신앙에 있어서 창조론은 물론 여타의 성경을 하나님의 말씀으로 믿는 데 아무런 문제가 없을 것이다. 전무한 상태에서 온 우주 만물을 창조하신 하나님께서 홍해를 가르시고, 광야에서 40년 동안 만나로 먹이신 것이 문제가 될 리 없다. 또 주님의 동정녀 잉태나 부활은 물론 죽은 지 나흘이 지난 사람을 살리시고 보리떡 다섯 개로 오천 명을 먹이신 것은 창세기 1장에 비하면 오히려 당연하다고 해야 옳을 것이다.

성경이 무오한 하나님의 말씀으로 믿어지지 않는 가장 근본적 이유는 창세기 1장이 믿어지지 않아서이다.

유대교나 회교에서뿐 아니라 기독교에서도 많은 신학자들을 비롯한 과학자들이 창세기 1장의 역사적 사실성을 입증하려고 오랫동안 노력해왔지만, 아직 이렇다 할 성과를 내놓지 못하고 있다. 이렇다보니 현대에 이르러는 창세기의 모세 저작설마저 부인하고 중동 지방에 전래되어 오던 창조설화를 바벨론 포로 시절에 유대인들에 의해 집대성하여 성경에 첨부한 것이 창세기라는 자유신학적 문서설 주장이 오히려 설득력을 얻어가고 있다.

결국 작금의 기독교는 다윈의 진화론을 과학적 진리로 인정하고, 창조론자들을 오히려 설화를 역사적 사실로 믿는 신비주의자로 취급하기에 이르렀다. 심지어 자칭 기독교 신학자라는 사람이 다음과 같은 주장을 서슴없이 하고 있는 것이 지금의 기독교다.

이스라엘인들이 선조들로부터 입에서 귀로 전해들은 이야기들 속에는 세상의 기원과 인간의 운명에 대한 깊은 성찰이 그들의 야훼 신앙과 어우러져 수백 년을 두고 소중하게 간직되어 내려오고 있었다. 그러다가 전문적인 글장이들에 의해 이야기 꼴이 더욱 정교하게 다듬어지고 이야기의 교훈적인 내용에 다양한 주제들이 덧붙여지게 되었다. 창세기 1장부터 11장은 이런 이야기들로 가득 차 있다. 또 그 내용은 선사시대를 다루었기 때문에 그 안에서 역사적 사실을 찾아 낼 수 없다. 그런데도 과거 그리스도 교회에서는 이 기록들을 과학적 진리나 역사적 진리로 받아들일 것을 강요한 때가 있었다… 신앙의 이름으로 정당화되는 이런 시대착오적이며 반과학적인 발상이 불과 몇십 년 전까지만 해도 그리스도 교회 안에도 존재했었고 지금도 일부 그리스도인들 사이에서 주장되고 있다… 성서에 대한 그들의 깊은 경외심에서 이런 오류가 빚어진 것으로 이해하지만 극히 기본적이며 상식적인 사고방식도 무시한 채 성서의 기록들 하나하나를 곧바로 역사적 사실로 받아들이라고 강요하는 것은 맹신이나 광신을 요구하는 것이나 다를 바 없다… 창세기 1장의 창조설화를 현대과학이 증언하는 창조이론과 대립시키거나 조화시키려는 어떠한 시도도 처음부터 잘못된 것임을 분명히 밝혀둔다. 〈정태현, "하느님과 함께 걸으며" (생활성서사, 1991), 14-15.〉

하나님의 속성의 제일은 전능성이다. 전능자가 아니면 유일신일 수도, 창조주일 수도 없다. 전능하시기 때문에 절대선, 절대의이시며 거룩하시고 긍휼과 사랑의 하나님이시다. 전능성은 하나님의 속성의 제일이고 또 전부다. 이러한 하나님의 전능성을 가장 잘 계시한 성경이 온 우주 만물의 창조사실을 기록한 창세기 1장인 것이다.

전능하신 하나님이 6일에 걸쳐 온 우주 만물을 창조하셨다. 만일 천지를 창조하시는데 단 1초라도 시간을 필요로 해서는 전능성 모순이다. 그만큼 전능하지 못한 것이다. 그러므로 하나님의 6일 창조의 창세기 1장은 하나님의 전능성을 가장 잘 계시하고 있음과 동시에 전능성에 모순을 계시하고 있는 것이다. 따라서 창세기 1장에서 계시한 하나님의 '7일 창조의 설계도'를 성경적으로 올바로 정립하지 못하면 창세기 1장은 물론 하나님도 알 수 없다.

창세기 1장을 올바로 정립하지 못하고서는 창조론은 물론 진화론도 논할 수 없다. 창세기 1장을 올바로 알지 못하고는 성경도 유신종교의 신앙도 논해서는 안 된다. 창세기 1장은 단순히 하나님이 온 우주 만물을 창조하신 사실만을 객관적으로 기록한 것이 아니다. 만일 당신이 전지전능한 창조주라면, 온 우주 만물을 어떻게 설계하고 창조하겠는가?

성경이 "만물이 다 그로 말미암고 그를 위하여 창조되었다."(골 1:16)라고 증거함 같이 하나님은 자신의 목적을 이루기 위하여 천지를 창조하신 것이다. 하나님의 목적을 모르면 하나님은 알 수 없다. 하나님의 창조의 목적을 모르면 창세기 1장은 알 수 없다.

창세기 1장은 신구약성경 66권 전체를 완전히 계시하신 설계도이다. 때문에 성경의 어느 한 부분도 창세기 1장에 모순되게 해석하는 것은 성경을 하나님의 말씀으로 믿는 사람의 해석이 될 수 없다.

창세기 1장과 일치하지 않은 창조론은 아무리 창조론이라는 단어를 사용해도 창조론이 아니다. 창세기가 기록된 3500여 년 동안 창세기 1장을 성경적으로 해석한 사람은 아무도 없었다. 창조론은 없었다. 창조론이 진화론에 밀리고 있는 것은 창조론이 진리가 아니라서가 아니라 창세기 1장을 성경적으로 올바로 해석하지 못했기 때문이다.

오늘날 진화론이 과학적 진리인 양 군림하게 된 것도 창세기 1장을 성경적으로 올바로 해석하지 못한 창조론자들의 책임이 크다. 창세기 1장만 정확하게 해석했어도 진화론은 탄생하지도 못했을 것이다. 성경적 창조론만이 완전한 과학적 논리이지 진화론은 과학적 논리가 아니다.

창세기 1장만 올바로 정립했어도 유대교나 회교는 물론 기독교도 오늘날과 같이 비성경적 종교로 전락하지는 않았을 것이다. 종교다원주의적인 종교 간의 화합이 종교의 갈등을 해결할 수 있는 방법이 아니다. 종교간 많은 갈등의 근본원인은 창세기 1장의 해석이 잘못됐기 때문이다. 창세기 1장은 성경은 물론 모든 종교와 세상의 근본이고 열쇠다. 창세기 1장을 모르면 사람도 종교도 세상도 바로 알 수 없다. 신구약성경 66권은 일점일획도 오류가 없는 하나님의 진리의 말씀이다.

성경으로 돌아가자. Back to the Bible

2012년 3월

최영삼 목사

1부

창세기 서론

1.

성경 공부의 목적

소개

창세기 1장(창1:1-2:3)은 하나님의 천지 창조의 사실적 기록일 뿐 아니라 '7일 창조의 설계도' 이다. 또한 창세기 1장은 신구약 성경 66권 전체의 가장 기초이며 본질의 열쇠이다. 때문에 이것을 성경적으로 바르게 정립하지 않고는 성경을 바로 해석할 수 없을 뿐만 아니라 성경적 신학이나 복음의 정립은 원칙적으로 불가능하다. 때문에 기독교에 있어서의 창세기 1장 정립의 중요성은 절대적이라고 해도 지나치지 않다.

정당한 의문

성경에 대한 의문을 갖는 것은 당연하지만 교회에서 성경 공부를 하는 것은 쉬운 일이 아니다. 평신도가 지나치게 깊이 알아서는 안 된다는 이유로 누구도 질문을 썩 달가워하지 않기 때문이다. 하지만 평신도의 입장에서는 허심탄회하게 질문을 하는 행위가 아주 중요하다. 신앙생활을 하는 도중 어떤 회의(懷疑)가 들기 시작하면 일단 그 회의에 사로잡혀서 그 다음 단계로 나아갈 수 없기 때문이다. 그 회의는 잠시 마음 한 구석에 웅크려 있다가도 어느 순간 다시 머리를 들고 일어나게 되어 결국은 우리 신앙에 걸림돌이 되게 된다. 특히 뒤늦게 성경공부를 하게 된 성인일수록 성경에 대한 회의는 빈번하다. 그런데 이처럼 늘 좌절을 맛봐야 한다면 누구도 성경공부를 제대로 할 수 없게 될 것이다.

성경을 보면서 한 치의 의심 없이 곧이곧대로 믿는 것을 반드시 옳다고 할 수는 없다. 성경에 대해 누구나 의심을 품을 수 있으며 오히려 그것이 정상이다. 실제로 성경을 연구해 보면 어떤 측면에서는 하나님께서 의도적으로 의심이 나도록 쓰셨다는 것을 알 수 있다. 실제로 성경은 의문 없이는 한 절도 읽을 수 없는 하나님의 말씀이다. 따라서 성경 공부를 하다보면 의심이 나고 그에 대한 질문을 하는 것은 지극히 당연한 일이다. 의심을 못 하게 해서는 안 되는 것이다.

이 의심이 곧 신앙생활의 동력으로 작용하게 된다. 의심을 갖는 사람은 그 의심 때문에 생각하고, 기도하고, 연구하게 된다. 역설적으로 성경에 의심이 많은 사람이 목사가 되는 것이다. 결론적으로 성경 공부를 하면서 의심을 하고 그에 대한 질문을 하는 것은 매우 중요한 신앙 행위이다.

1) 목적의 중요성

성경공부의 목적

성경공부의 좋은 열매를 맺기 위해서는 성경공부를 하는 '목적과 목표' 가 분명해야 한다. 하물며 왜 교회를 나가느냐는 질문에도 바르고 정확한 대답을 하는 사람이 거의 없다. 보이지 않는 영이신 하나님을 믿는 유신종교에 있어서는 특히 목적의식이 분명하지 않은 신앙행위는 신앙이라고 할 수 없다.

기독교는 계시의 종교다. 이 의미는 성경의 원 저자는 하나님이라는 것이다. 성경은 기독신앙의 근본이며 어느 구절 하나 진리가 아닌 말씀이 없다. 하나님의 뜻을 인간의 말로 표현하신 것이기 때문이다. 하나님이 성경을 쓰신 분명한 목적은 영원한 천국에서 영원히 하나님과 함께 할 하나님의 자녀를 얻기 위함이다.

인간이 다른 동물과 다른 점은 인간은 '미래 지향적인 영적 존재' 라는 것이다. 미래를 향해서 어떤 목적이나 목표를 두고 의식적으로 그것을 향해서 전진해 가고, 그것을 이루기 위해서 과정을 쌓아간다. 다시 말하면 미래에 대한 분명한 목적의식이 있기 때문에 오늘을 사는 것이다.

하나님이 영이시기에 그의 자녀가 될 인간이 영적 존재라는 것은 당연하다. 때문에 성경에 나타나는 모든 사건들은 영적 원리가 적용된다. 우리 인간의 목적이 영적으로 하나님과의 연합이라면 각 사람에게 주어진 시간이 한정되어 있기에 처음에 목표를 제대로 설정하지 않고 방향을 잃게 되면 영원히 돌아올 수 없는 길을 가게 된다. 그래서 성경적인 깊은 깨달음 속에서 바른 목적과 목표를 향해서 곧은 삶을 살아야 한다.

이 같은 분명한 목적과 목표에 의해 하나님은 인간을 '미래지향적인 영적 존재'로 창조하셨다. 따라서 목적을 향한 발전과 성장은 인간으로서 당연한 것이고 자녀들의 교육과 훈련도 미래지향적인 분명한 목적의식을 가지도록 성장시켜야 한다. 육신의 인간이 최정상에 올라있을 때 그 성취감을 맛보듯 우리의 목적 또한 크고 귀한 것이고 높은 것이어야 한다. 내 육신의 목숨을 바꿀 만큼 소중한 것이어야 하는 것이다.

물론 목적과 목표가 분명해야 하지만 그것을 지금 당장 이룰 것으로 생각해서는 안 된다. 목적과 목표는 크되 소중하고 높은 것이어야 하며, 죽음이 두렵지 않은 정도의 목표를 설정하여야 한다. 그리고 당장 이루고 허탈감에 빠질 수 있는 목표가 아닌 되도록 멀리 있는 목표이어야 한다.

어려서부터 자녀에게 목적의식을 불어넣어 주고 그 목적을 이루기 위해 자기를 희생해도 좋을 만큼 아주 귀하고 크고 높은 것을 바라보게 해야 한다. 목표를 향해 미래지향적인 삶을 살 수 있게 해야 하는 것이다. 정상을 향한 등산이라고 항상 올라가기만 하는 것이 아니다. 때로는 내려가기도 한다. 정상의 목표가 분명한 사람은 내려가는 것도 올라가는 것이지만 목표가 분명하지 못한 사람은 내려가는 것은 내려가는 것일 뿐이다.

성공적인 신앙생활을 위한 목표는 영원한 천국에서 성숙된 하나님의 자녀로 사는 것이다. 그러한 목표를 위해 최선을 다할 때 성경공부의 진정성이 더해질 수 있다.

2) 목적의 요소

목적과 목표는 "우리의 돌아보는 것은 보이는 것이 아니요 보이지 않는 것이니 보이는 것은 잠깐이요 보이지 않는 것이니 영원함이니라."(고후4:18)라는 말씀처럼 보이지 않지만 불변의 영원한 진리이어야지 가시적인 것이나 일시적인 것이어서는 안 된다. 그러면서도 육체를 포기할 만큼 대단한 것으로 믿을 수 있는 실제적인 것이고 구체적인 것이어야 한다. 추상적이거나 관념적인 것이어서는 안 되는 것이다. 보이지는 않지만 확실한 것이어야 한다. 불변의 진리이신 하나님이어야 한다.

성경을 정말 하나님의 말씀으로 믿고 그 말씀 하나하나에 내 삶을 걸고 내 신앙 모두를 걸 수 있는 것이어야 한다. 성경을 아무런 의심

없이 읽기만 하는 것이 믿음이 좋은 것처럼 평가하지만, 그것은 성경을 읽는 것이 아니라 오히려 이스라엘의 무협지를 읽고 있는 것이다. 진정한 신앙행위는 오히려 성경에 의심을 가지고 그 의심을 깨달으려는 믿음의 기본자세를 가지고 성경 공부를 하는 것이다. 그래야 깊이 있는 성경공부라고 할 수 있다.

또한 내 일생을 다 바쳐서 가장 절대적인 하나를 보고 미래지향적으로 계단을 오르듯 차근차근 올라갈 수 있는 값진 것이어야 한다. 장소적 개념에서의 천국은 영원한 것이고 멀리 있게 느껴지는 가장 기대치가 높은 우리의 목적이다. 하나님을 자기 자신보다 더 존귀하게 여김으로써 내게 있어 가장 귀한 목숨을 포기하며 기뻐할 수 있는 신앙이어야 참다운 기독신앙이다.

성경 공부를 하는 목적은 첫째, 하나님이 실제로 계시느냐에 관한 것이다. 하나님이 실제로 계신 것을 믿을 수 없다면 그 다음에 다른 무슨 얘기를 해도 소용이 없다. 자신이 교회를 가든지 성경 공부를 하든지 먼저 하나님이 실재함을 믿고 있는지를 늘 생각해야 한다.

(1) 실제적 하나님 ≠ 추상적 / 관념적

하나님이 실제로 계신 것을 믿는 사람과 믿어지지는 않지만 믿으려고 생각하는 사람 사이에는 큰 차이가 있다. 하나님이 실재함을 믿는 사람은 아무도 없는 아주 어두운 깜깜한 골방에 혼자 있을지라도 하나님이 불꽃같은 눈으로 지켜보고 계신다는 것을 인식하고 산다. 따라서 하나님이 실재함을 믿는 사람에게는 어떤 법도 필요 없다. 그래서 설교를 하거나 성경 공부를 하거나 누구와 신앙적 대화를 할 때에도 늘 상대방으로 하여금 하나님의 계심을 믿도록 해야 된다. 우리의 신앙생활에서도 가장 중요한 문제는 자신이 정말 하나님이 실재함을 믿느냐 하는 것이다.

가장 중요한 것은 '하나님의 존재성'에 관한 믿음이고 이 믿음을 위해서 성경 공부를 하는 것이다. 그렇기 때문에 가르치는 사람도 배우는 사람이 믿을 수 있도록 가르쳐야 하고, 배우는 사람도 공부를 하는 동안에 하나님은 실제로 계신다는 것을 믿을 수 있도록 해야 한다. 주님이 육신의 인간으로 오신 것을 "말씀이 육신이 되어 우리 가운데 거하시매"(요1:14)라고 하신 것도 영이신 하나님(요4:24)이 추상적이며 관념적인 하나님이 아니라 물리적 실제라는 것을 증거하시기 위함이다.

성경은 하나님의 존재를 믿는다는 전제하에 기록되었다. 하나님이 실제로 존재하시고 모든 만물을 창조하신 것뿐 아니라 지금도 살아서 실제로 존재하고 계심을 믿어야 나를 맡길 수 있는 것이다. 하나님을 추상적, 관념적으로만 알면 실존한다는 말을 할 수 없다. 하나님을 믿는 사람은 언제 어디서나 하나님을 인식해야 한다. 기독신앙은 지금도 살아 역사하시는 하나님을 믿는 신앙으로 죽은 하나님인 사신(死神)을 믿는 종교가 아니다.

아담과 하와도 선악과를 따먹지 말라고 하신, 보이지 않는 영이신 하나님은 실제로는 존재하지 않는 것으로 믿었기에 보이는 뱀의 말을 더 신뢰하여 선악과를 따먹은 것이다. 하나님이 "믿음이 없이는 기쁘시게 못하나니 하나님께 나아가는 자는 반드시 그가 계신 것과 또한 그가 자기를 찾는 자들에게 상 주시는 이심을 믿어야 할지니라." (히11:6)는 말씀과 같이 실존적 존재로 계심을 믿을 수 있어야 진정한 그리스도인이 되는 것이다.

(2) 성경 = 하나님의 말씀

둘째, 성경이 하나님의 말씀임을 믿어야 한다. 만약 '성경이 하나님의 말씀으로 믿어지지 않는다' 고 한다면 아무리 '예수님이 내 죄를 위해서 십자가에서 죽으셨다' 할지라도 우리 신앙의 근거는 없다. 기독신앙의 유일한 기준은 오직 성경뿐이기 때문이다. 성경이 없으면 기독교는 존재할 수 없다.

성경을 '캐논 Cannon' 이라 한다. 캐논은 기준, 잣대라고 해석된다. 따라서 성경관이 잘못되면, 즉 성경이 하나님의 말씀으로 믿어지지 않으면 신앙이 제대로 뿌리내려 질 수 없는 것이다. 성경은 하나님의 말씀으로 자연스럽게 믿어져야 한다. 믿어지게 하려면 스스로 깨달아야 한다. 결코 믿습니다 믿습니다를 반복하는 것으로는 성경이 하나님의 말씀으로 믿어질 수 없다.

기독신앙에 있어서 성경이 일점일획도 오류가 없는 하나님의 말씀인 것이 믿어지지 않는다면, 예수님이 하나님의 아들임을 믿을 근거가 없고 우리를 구원하는 진리의 말씀으로 믿을 수도 없다. 성경은 하나님의 말씀이기 때문에 하나님이 가르쳐주지 않으시면 누구도 올바로 깨달을 수 없다. 하나님이 성경을 깨닫도록 역사하시는 데는 반드시 성경이 일점일획도 오류가 없는 하나님의 말씀이라는 점과 하나님의 실존성을 믿을 수 있어야만 한다. 전지전능하신 하나님은 나보다 나를 더 잘 아시기에 내가 얼마만큼 하나님과 성경을 신뢰하느냐에 따라서 성경을 깨닫게 해주실 것이다.

성경은 이스라엘 무협지와 같은 설화나 단순히 사건을 기록한 것이 아니라 하나님의 뜻과 역사의 설계도이다. 성경은 전지전능하신 지혜의 근본이신 창조주 하나님이 정립해 놓으신 논리 중에 가장 뛰어난 완전한 과학적 논리로 변증한 책이다.

(3) 예수님=하나님

셋째, 예수 그리스도가 하나님이고 메시아임이 믿어져야 한다. 기독교는 "하나님이 세상을 이처럼 사랑하사 독생자를 주셨으니 이는 저를 믿는 자마다 멸망치 않고 영생을 얻게 하려 하심이니라."(요 3:16)라는 말씀과 같이 예수 그리스도를 믿는 종교다. 그리고 예수 그리스도를 믿는다는 것은 예수가 그리스도 즉 메시아며 하나님이심을 믿는다는 말이다. 따라서 우리가 성경 공부를 하거나 신앙생활을 하는 목적은 예수가 정말 메시아인가 하는 것이어야 한다.

성경은 구원의 조건을 예수 그리스도를 믿기만 하라고 하시지 않고 "영생은 곧 유일하신 참 하나님과 그의 보내신 자 예수 그리스도를 아는 것이니이다." (요17:3)라고 하신다. 불행히도 기독교는 주님의 보혈만 믿으면 구원을 받을 수 있다는 '피복음적' 신앙에만 매몰되어 성경적 주님과는 전혀 다른 예수를 만들어서 믿고 있다. 이름만 예수 그리스도이지 참 예수 그리스도가 아닌 것이다. 그러니 '피복음적' 인 구원의 논리로도 구원은 없는 것이 기독교의 실제다. 기독교는 고발당해 마땅하다. 피복음적으로도 예수님의 피로 우리의 모든 죄가 사하여짐이 성립하려면 우리를 위해 십자가에서 피 흘려 죽으신 예수님이 하나님이었다는 사실을 먼저 알고 믿어야 한다. 아무리 보혈의 능력이 커도 하나님으로 믿어지지 않는 예수님의 피가 내 죄를 사해줄 수는 없을 것이다.

성경의 증거로는 누구도 성령의 특별하신 역사 없이는 예수를 그리스도로 알 수도 믿을 수도 없다. 그래서 베드로가 "주는 그리스도시요 살아계신 하나님의 아들이시니이다." (마16:16)라고 말했을 때에도 주님께서 "바요나 시몬아 네가 복이 있도다. 이를 네가 알게 한 이는 혈육이 아니요 하늘에 계신 내 아버지시니라." (마16:17)라고 하신 것이다. 나다나엘(요1:49)이나 도마(요20:28)가 주님을 메시아로 안 것은 메시아로 안 것이 아니다. 오직 성령이지, 오직 보혈이 아니다.

(4) 하나님과 나의 관계성

성경 공부를 하는 넷째 목적은 '하나님과 나는 어떤 관계이어야 하느냐'의 문제다. 하나님이 전지전능하시다는 객관적인 사실을 믿는 믿음만으로는 누구도 하나님과 올바른 관계가 형성될 수 없다. 물론 하나님에 대한 객관적인 사실을 믿는 의심하지 않는 믿음도 필요하다. 그러나 이보다 더 중요한 신앙의 요소가 하나님과 나의 관계성의 문제다.

기독교뿐 아니라 유대교나 회교 등 유신 종교들의 가장 큰 오류를 범하고 있는 요소는 하나님과의 관계성에 관한 신학을 성경적으로 정립하지 못하고 육적 본능의 인본적 종교에 함몰돼 있는 점이다. 성경이 증거하는 하나님의 구원은 하나님이 함께 하시는 문제뿐이지 인간의 선이나 의로움 때문이 아니다. 그래서 주님께서도 "내가 의인을 부르러 온 것이 아니요 죄인을 부르러 왔노라."(막2:17)라고 하셨을 뿐 아니라, 의인인 형보다 아버지의 용서와 사랑만 믿는 탕자(눅15:11-32)를 옳다고 말씀하신 것이다.

성경이 요구하는 인간은 하나님과의 관계만이 문제지 죄나 의의 문제가 아니다. 그래서 제1계명도 "너는 나 외에는 다른 신들을 네게 있게 말지니라."(출20:3)라고 하시고 "나 여호와 너의 하나님은 질투하는 하나님인즉 나를 미워하는 자의 죄를 갚되 아비로부터 아들에게로 3,4대까지 이르게 하거니와 나를 사랑하고 내 계명을 지키는 자에게는 천대까지 은혜를 베푸느니라."(출20:5-6)라고 하시는 것이다.

2.

성경의 무오성과 권위

창세기 1장은 성경 전체의 공식이며 모든 원리이며 원칙이다. 계획하시고 설계하시고 창조하시고 역사하시는 성경의 모든 것이 다 기록되어 있다. 이것은 유신종교의 신앙과 신학의 기초이며 본질이다. 창세기 1장이 정립되어 있지 않으면 신앙의 뿌리가 없는 것이나 다름없다.

성경 공부를 하는 데에는 분명한 목적이 있어야 한다. 나아가 하나님은 전지전능하시며 시공을 초월한 분이기 때문에 분명한 목적의식이 없이는 아무 것도 할 수 없는 분임을 아는 것 또한 매우 중요하다. 성경을 읽을 때는 이 같은 사실들을 항상 잊지 않아야 한다.

1) 성경=하나님의 특별 계시

성경은 하나님께서 하나님의 뜻을 인간의 언어로 말씀하신, '하나님의 말씀임과 동시에 인간의 말인 것' 이다. 이렇게 성경이 하나님의 말씀이라면 왜 성경을 인간의 언어로 말씀을 하셨는지 그 이유를 알아야 한다.

대부분의 사람들은 하나님을 알기 위해 성경을 읽는다고 말하지만 그 이유를 조금 더 명확하게 말하면 우리를 구원하시려고 성경을 기록하게 하신 것이다. 성경을 기록한 목적이 인간의 구원이 아닌 하나님 자신을 알리기 위한 것뿐이었다면 성경이 아니고도 얼마든지 다른 방법으로 할 수 있었을 것이다.

하나님은 성경이 없이도 "창세로부터 그의 보이지 아니하는 것들 곧 그의 영원하신 능력과 신성이 그 만드신 만물에 분명히 보여 알게 되나니 그러므로 저희가 핑계치 못할지니라"(롬1:20)의 말씀과 같이 하나님을 계시하실 수 있다. 성경이 아니더라도, 온 우주 만물은 충분히 하나님의 존재성을 계시하고 있다는 말씀이다. 이렇게 자연 만물을 통해서 하나님의 존재성을 알게 하신 것을 "일반계시"라고 한다. 그러나 우리가 객관적으로 하나님의 존재를 믿는다 할지라도 그것만으로는 우리를 구원할 수가 없다. 즉 내가 구원을 받으려면 하나님과 나와의 관계성의 문제가 해결되어야 하는 것이다. 그것이 "구원"이다.

하나님이 이렇게 우리를 특별히 하나님과의 인격적 관계로 "구원"하시기 위해서는 일반계시만으로는 불가능하기 때문에 문자로 기록한 인간의 언어로 말씀하신 것이 성경이다. 그래서 성경을 "특별계시"라고 한다. 이렇게 성경의 기록 목적만 분명히 알고 있으면 구원 논리는 매우 분명해진다.

성경 기록의 목적은 매우 분명하다. 우리를 구원하기 위해서, 영생을 얻게 하기 위해서, 하나님과의 관계성 정립을 위해서이다. 극단적으로, 구원의 문제가 아니라면 성경은 없어도 된다. 하나님은 우리를 구원하기 위해서 인간의 언어로 하나님의 뜻을 기록하신 것이다.

2) 성경의 범위

성경이 하나님의 말씀이기 위해서는 하나님의 말씀인 성경에서 더하거나 빼면 안 된다. 그래서 하나님께서는 성경 66권의 기록을 완료하시면서 "만일 누구든지 이것들 외에 더하면 하나님이 이 책에 기록된 재앙들을 그에게 더하실 터이요. 만일 누구든지 이 책의 예언의 말씀에서 제하여 버리면 하나님이 이 책에 기록된 생명나무와 및 거룩한 성에 참예함을 제하여 버리시리라."(계 22:18-19)라는 말씀처럼 절대로 가감이 있어서는 안 된다고 경고하시는 것이다.

유대교는 신약성경 27권을 정경으로 인정하지 않고, 가톨릭은 구약성경에 외경 9권을 개신교보다 더 갖고 있어서 문제다. 그뿐 아니라 회교의 코란이나 몰몬교의 몰몬경의 문제를 성경적으로 명확하게 규명하는 문제 역시 매우 중요하다.

3) 성경은 하나님이 원저자이시다

성경은 창세기부터 계시록까지 모순이 없어야 한다. 하나님의 말씀이라는 것은 오류가 없다는 정도가 아니라 모순이 있으면 안 된다. 성경 해석의 어려움은 어느 한 부분에서 오류를 범하기 시작하면 그 때부터 영원히 되돌아올 수 없는 잘못된 길로 가게 되고 만다는데 있다.

• 있는 대로 보라

성경을 하나님의 말씀으로 믿는다면 본문을 있는 대로 정확히 보아야 한다는 점은 재론의 여지가 없다. 본문을 잘못 보고서는 어떤 해석도 올바를 수 없다는 것은 불문가지의 문제다. 있는 대로 바로 보지 못하면 어떤 해석도 정확할 수 없다. 그런데 이 문제가 성경해석의 문제가 되는 것은 인간은 마음대로 보는 존재지, 있는 대로 보는(마11:25) 존재가 아니라는 사실 때문이다. 있는 대로 보기를 기도하라.

• 통독하라

성경은 전체에서부터 접근해야지 부분을 확대 해석해서는 안 된다. 어느 부분에 매이게 되면 전체를 볼 수 없기 때문에 전체 속에서

부분을 해석할 수 있어야 한다. 그래서 성경은 먼저 통독해야 한다. 성경은 하나님이 쓰셨기 때문에 가벼운 소설을 읽듯 모르는 것은 하나님께 맡기고 그냥 넘어가면서 계속 읽다보면 하나님께서 깨우쳐 주시게 된다. 그래서 먼저 하나님을 신뢰하고 통독하는 것이 중요하다.

4) 성경의 기록시기

성경 중 기록 된 지 가장 오래된 책은 모세오경으로 약 BC1500년경에 기록되었다. 3500년 전이라면 우리나라 시대로는 고조선 초엽에서 중엽사이이다. 그 시기의 사람이 창세기를 쓸 수 있었을지 한번 생각해 볼 문제이다. 창세기는 지금부터 60년 전의 과학으로도 부인될 사실들이 놀랍게도 3500년 전에 기록되었다. 가장 나중에 기록된 요한계시록이 AD100년 경이다. 우리나라 역사로는 삼국시대 초엽이다.

5) 성경의 저자들

성경은 약 1600여년에 걸쳐 약 40명에 의해 쓰여 졌다. 하나님이 타이프라이터(typist)로 성경을 기록한 사람들이 타이프라이터

(typewriter)라고 하지 않고서는 지금까지도 진리인 성경은 기록될 수 없었을 것이다. 이것을 신학적 용어로 '축자영감(逐字靈感)' 이라고 한다. 한 글자 한 글자를 모두 하나님께서 계시하셨다는 뜻이다. 말하자면 사람은 하나님이 성경을 쓰시는 도구였다. 모세, 여호수아, 사무엘, 이사야 등 모든 이들은 하나님의 말씀을 옮기는 도구라고 생각할 수 있다. 사실 1600년에 걸쳐 40명이 제각각 쓴 글이 완전한 통일성을 이루고 있다면 오히려 잘못된 것일 것이다. 그러나 성경은 놀랍게도 완전한 통일성을 가지고 있다. 처음인 알파에서부터 끝인 오메가에 이르기까지 완전한 통일성을 가지고 있다는 것이 바로 하나님의 말씀이라는 것을 증명하는 것이다.

3.
예수님의 성경관

그리스도인에 있어서의 신앙은 물론 여타의 모든 기준은 오직 예수다. 따라서 성경을 보는 가장 중요한 기준도 예수님의 성경관이다. 예수님이 성경을 어떻게 보셨는지가 성경을 해석하는 절대적인 기준이 되어야 한다.

• 성경의 무오성

예수님의 성경관은 "내가 율법이나 선지자나 폐하러 온 줄로 생각지 말라. 폐하러 온 것이 아니요 완전케 하려 함이로다. 진실로 너희에게 이르노니 천지가 없어지기 전에는 율법의 일점일획이라도 반드시 없어지지 아니하고 다 이루리라."(마5:17-18)라고 말씀하심에서 잘 알 수 있듯이 주님의 성경관은 성경을 일점일획도 오류가 없는 완전한 하나님의 말씀으로 믿으셨다.

또 구약성경을 17절에서는 '율법이나 선지자' 라고 하셨다가 18절에서는 선지자를 생략하고 '율법' 이라고만 하신다. 그림과 같이 성경은 십계명과 모세오경과 구약 전체를 다 율법이라고 기록한다. 가장 협의적(狹義的)인 의미의 율법은 십계명이다. 그리고 십계명을 조금 더 자세히 풀이한 율법이 모세오경이다. 또 모세오경을 좀 더 자세히 풀이한 율법이 구약이다. 이렇게 기록된 율법의 의미를 구별할 수 있는 길은 문맥으로서만 가능하다. 그래서 주님은 축자영감설이란 성경을 문맥으로 해석하는 것이라는 점을 '율법' 의 의미로 말씀하신 것이다. 따라서 문맥을 떠나 해석해서는 안 된다.

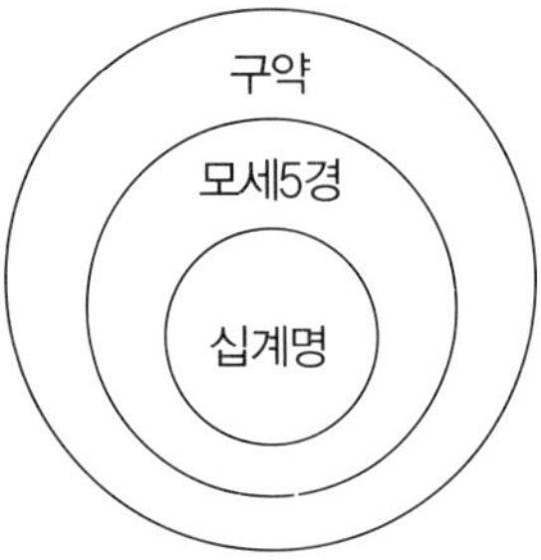

• **성경의 통일성**

주님이 '율법' 이란 단어를 모세 5경과 구약 전체로 해석하도록 하시어 문맥적(마5:17-18)으로 성경의 무오성과 축자영감설을 증거하시는 또 다른 의도는 성경은 완전한 통일성을 견지하고 있다는 점을 강조하시기 위함이다. 성경의 원 저자는 전지전능하신 한 분 하나님이다. 그렇기 때문에 성경은 창세기부터 요한계시록까지 완전한 통일성을 견지하고 있다. 성경이 하나님의 말씀이라는 가장 객관적 중거는 성경의 통일성이다. 따라서 성경을 통일성에 모순 되게 해석하는 것은 성경을 하나님의 말씀으로 해석하는 것이 아니다.

• 오직 성경

대체로 사람들은 기적을 직접 체험하면 하나님을 믿을 수 있다고 생각한다. 그래서 유대인들도 주님께 하늘로서 오는 표적 보이기를 원(마16:1-4)했을 것이다. 그러나 이렇게 구한 유대인들에게 악하고 음란한 세대라고 질타하셨을 뿐 아니라, 성경이 믿어지지 않는 사람은 어떤 표적을 체험해도 하나님이나 천국과 지옥을 믿을 수 없다는 사실을 '부자와 나사로' (눅16:19-31)에 관한 기사를 통해서 자세히 말씀하셨다.

부자가 지옥에 가게 된 것은 '자색 옷과 고운 베옷을 입고 날마다 호화로이 연락' 했기 때문이다. 자색 옷과 고운 베옷을 입었다는 의미는 관심이 외모에만 있고 자신의 심령에는 없었다는 것이며, '날마다 호화로이 연락했다' 는 말은 육신과 세상만을 위해 살았지 사후를 위한 준비는 전혀 하지 않은 사람이라는 것이다. 이런 사람은 절대로 천국에 갈 수 없다. 그러나 거지 나사로는 부자와는 정반대이기 때문에 천국에 간 것이다. 부자이기 때문에 지옥 가고 거지이기 때문에 천국 간 것이 아닌 것이다.

부자는 지옥에서 자기 형제들이 자기처럼 하나님이나 사후의 삶을 믿지 않고 자색 옷과 고운 베옷을 입고 날마다 호화로이 연락하고 있으니, 나사로가 다시 살아 돌아가서 사후의 세계가 실제임을 증거하게 해주시기를 애원한다. 주님은 성경을 믿지 못하는 사람은 어떤 표적을 체험해도 절대로 하나님이나 사후의 삶이 사실이라는 것을 믿을 수 없다는 것을 "모세와 선지자들에게 듣지 아니하면 비록 죽은 자 가운데서 살아나는 자가 있을지라도 권함을 받지 아니하리라."고 말씀하시는 것이다.

이와 같이 성경이 믿어지지 않으면 어떤 기적의 체험을 통해도 믿음이 생기지 않는다. 어떤 것보다 성경을 신뢰해야 하는 것이 우선이다.

예수님께서는 기적을 행하시고 절대로 어느 누구한테도 말하지 말라고 당부(마8:4)하시지 간증하라고 하시지 않으신다. 기적을 행하시는 것이 믿음의 뿌리가 된다면 더 널리 전파하라고 하셨을 것이다. 하지만 예수님은 단 한 번도 그러신 적이 없다. 기적을 통해서는 절대로 신앙이 생기지 않는다는 것이 성경의 진리이다. 예수님의 성경관은 기적으로서는 절대로 신앙이 이루어질 수 없는 것이며 성경 자체가 믿어져야 한다.

• 생명보다 중요한 성경

겟세마네 동산에서 예수님이 잡히시던 날 밤에 베드로가 예수님을 잡으러 온 사람들을 저지하려고 그 중 하나인 말고의 귀를 잘랐다. 그때에 주님이 베드로에게 "너는 내가 내 아버지께 구하여 지금 열두 영 더 되는 천사를 보내시게 할 수 없는 줄로 아느냐. 내가 만일 그렇게 하면 이런 일이 있으리라 한 성경이 어떻게 이루어지리요."(마26:53-54)라고 말씀하신다. 예수님은 자신이 잡히지 않고 십자가에서 죽지 않으면 성경에 오류가 있게 된다는 것이다. 구약성경에서 신인 메시아는 반드시 죽고 부활한다고 계시했기 때문이라는 것이다. 예수님은 자신의 육신생명보다 성경의 무오성을 더 중요시했다. 성경의 오류를 없게 하기 위해 자신이 죽어야 한다는 것이었다.

예수님이 죽는 중요한 여러 이유 중에 하나가 성경의 무오성을 증거하시기 위함인 것이다. 예수를 믿는 것은 성경을 일점일획도 오류가 없는 하나님의 말씀으로 믿는다는 의미이다. 즉 성경 전체를 예수님의 성경관으로 믿는 것이다. 즉 성경의 무오성을 믿지 않는 사람은 예수를 믿는 사람이 아니다.

4.

창조론과 진화론

성경 전체에서 하나님이 천지를 창조하셨다는 창조론을 가장 잘 표현한 말씀이 "태초에 하나님이 천지를 창조하시니라"(창1:1)일 것이다. 하지만 창조론을 올바로 알기 위해서는, 적을 알고 자신을 알면 반드시 승리한다는 손자병법의 원리(知彼知己之必勝)처럼 진화론을 먼저 알아야 한다.

1) 생성과 존재에 관한 주장

지금의 우리가 최초에 어떻게 생겨났으며 어떻게 있게 되었는지 '생성과 존재에 관한 주장'은 단 두 가지밖에 없다. 하나는 '하나님이 온 우주 만물을 창조하셨다'고 성경이 말씀하고 있는 창조론이고 또 다른 하나는 진화론이다. 창조론과 진화론은 양립할 수 없다. 창조론이 맞으면 진화론이 잘못된 것이고 진화론이 맞으면 창조론이 잘못된 것이다.

창세기를 공부한다는 것은 창조론이 맞는지를 확인하는 것이다. 창조론이 맞는지를 알아보기 전에 진화론이 과연 객관적으로 타당한 과학적 논리인지를 반드시 먼저 확인해야 한다. 이점을 간과하고 성경적 창조론만을 정립하면, 창조론도 올바로 정립하기 어렵다.

(1) 창조론과 진화론

창조론과 진화론의 근본 논리의 핵심은 '제1원인' 을 규명하는 문제에서부터 출발해야 옳다. 성경이 증거하고 있는 예수님의 족보(눅3:23-38)에서와 같이 '나' 라는 존재가 있는 원인은 아버지와 어머니가 있기 때문이며 아버지와 어머니가 있는 원인은 할아버지 할머니가 있기 때문이다. 이렇게 계속 원인을 규명해 올라가면 더 이상 원인이 없는 최초의 원인이 있다. 그것이 '제1원인' 이다. 이러한 "제1원인" 이 '하나님' 이라는 것이 바로 '창조론' 이다. 이렇게 물질계를 초월해서 존재하고 계신 전능하신 하나님이 원인이 되어 전무한 상태에서 최초로 물질계를 존재케 했다는 논리가 창조론이다.

그러나 다윈이 주장하는 '종의 기원' 인 진화론의 논리는 무생물인 물질만이 존재하던 지구상에 우연히 단세포생명체가 생성됐다는 것이다. 그러므로 진화론의 논리의 '제1원인' 은 우연이다. 원인이 우연이라는 의미는 원인을 모른다는 것이다. 이러한 진화론이 과학시대라는 현대에서 완전한 과학으로 군림하면서 창조론을 신비로 매도하고 있다. 그렇다면 창조론이나 진화론의 과학성을 실제로 규명하려면, 먼저 과학과 신비의 개념부터 올바로 정립해야 할 것이다.

(2) 과학과 신비

과학의 반대가 신비다. 어떤 경우든 '아니 땐 굴뚝에 연기나랴' 라는 우리나라 속담처럼 원인이 없는 결과는 있을 수 없다. 따라서 과학과 신비의 문제는 원인이 있느냐 없느냐의 문제가 아니라, 원인이 규명되었느냐 못했느냐의 문제다. 때문에 과학과 신비를 규정하는 최소한의 기준은 원인을 규명해서 아느냐, 아직도 원인이 규명되지 않아서 모르느냐의 문제이다. 어떤 경우에도 원인을 모르는 모든 것은 신비일 뿐 결코 과학이 아니다. 그래서 가시적 결과만이 기준인 인간의 모든 과학 활동은 나타난 결과를 기준으로 원인을 규명하는 데서부터 출발한다.

2) 지구의 생성 (제1원인)

창조론의 제1원인은 하나님이다. 원인이 분명하다. 하나님이라는 원인이 있기 때문에 창조라는 결과가 있는 것이다. 전능자는 어떻게 존재하느냐 하는 것은 별개의 문제이다. 이는 만유인력의 원인은 아직 규명되지 않았지만 만유인력이란 이론은 과학으로 인정하고 있는 것과 같다.

진화론에는 제1원인이 없다. 진화론의 제1원인은 '우연히 생겼다' 는 것이다. 우연히 생겼다는 것은 원인이 없는데 결과는 있다는 것이다. 어떤 경우든 원인이 없는 결과는 없다. 따라서 '우연히 생겼다' 는 진화론의 논리는 생성의 원인을 모르는 신비라는 말이다. 결코 원인을 안다는 과학적 논리가 아닌 것이다. 이처럼 진화론 출발의 근본은 비과학적인 신비다. 결국 진화론적으로는 신비한 생명의 원인규명은 불가능하다.

지구와 천체의 생성에 관한 진화론적 주장이 빅뱅(bigbang)이론이다. 팽창하기 오래 전에 농축되어 있던 에너지(energy)가 폭발했는데 그 때 폭발한 에너지 중에 뭉쳐진 것들이 태양이고 혹성들이라는 것이다. 설혹 이러한 진화론적인 우주팽창설을 인정한다 해도, 반드시 그 에너지의 출처가 있어야만 한다. 과학적 논리라면 최초는 에너지가 전혀 없는 상태에서 출발해야만 한다. 만일 그 어마어마한 에너지가 우연히 생겼다고 한다면 에너지 불변(열역학 제1)의 법칙은 과학적 진리일 수 없다. 그 에너지가 농축된 것은 하나님이 창조하시기 전에는 있을 수 없는 것이다. 진화론은 열역학 제1의 법칙에 완전히 모순 된다.

창조론의 전제하에서만 진화론의 빅뱅이론이 성립할 수 있다. 진화론이라는 것은 처음부터 있을 수 없는 자신들만의 억지 주장인 것이다.

3) 생명체

좀 더 일반적인 진화론도 있다. 태양에서부터 떨어져 나온 지구의 지표 온도가 점점 식으면서 생명체가 생길 수 있는 조건이 되어서 우연히 단세포 생명체가 하나 생겼다는 주장이다. 그렇다면 과연 우연히 단세포가 생길 수 있는가.

아무것도 없는 빈 방이 있다. 50억 년 동안 이 방을 방치해 놓았더니 커튼과 스피커도 생기고 칠판, 의자, 피아노, 인쇄가 다 된 성경책 등 다른 모든 것이 다 우연히 생겼다고 주장하는 사람이 있다면, 이런 사람을 정상적인 이성을 갖고 있다고 생각하지는 않을 것이다.

진화론적 단세포생명체 생성의 논리 모순은 피아노를 만드는 것과 단세포생명체합성의 문제로 충분한 설명이 가능하다.

피아노를 만들기가 더 쉬울까, 단세포생명체 하나를 합성하기가 더 쉬울까? 당연히 피아노를 만드는 것이 더 쉽다. 우연히 단세포생명체 하나가 생성된다는 것은 의학적, 과학적으로도 피아노가 저절로 생기는 것보다 더 어려운 일이다. 단세포생명체를 합성하는 것은 아직도 불가능하다. 지금도 단세포생명체를 합성하기 위한 연구에 엄청난 투자를 하고 있지만 아직 성공하지 못하고 있다.

다른 사람의 피를 수혈함에 따른 많은 부작용이 있음에도 다른 사람의 피를 수혈하는 것은 생명공학이나 의학으로도 피는 합성할 수 없기 때문이다. 피를 합성하지 못하는 근본 문제는 피를 구성하고 있는 다른 요소들 때문이 아니라 생명의 요소를 합성할 수 없기 때문이다.

4) 미생물체의 진화

10억 년 전 지구상에 우연히 단세포생명체 하나가 생겼다는 진화론의 주장은 과학적인 논리가 아닐 뿐만 아니라 현실적으로도 불가능한 일이다. 진화론의 과학적인 모순은 단세포 생성논리만이 아니다. 진화론적 주장대로 단세포생명체가 10억 년 전에 우연히 형성되었다고 가정을 해도, 계속되는 논리에 많은 모순이 있다. 첫 단추를 잘못 끼우면 다음도 바를 수 없는 것이 세상의 진리다.

진화론자들은 단세포생명체가 10억 년 동안 진화를 해서 오늘의 사람이 되었다는 논리다. 현재 사람의 몸속에 있는 체세포수가 60~70조가 된다고 한다. 세포의 물리적인 수만으로도, 진화론적으로 1억 년 전에 서식했었다는 수백 톤이나 되는 공룡의 체세포수는 차치하고라도 단세포생명체가 10억 년 동안 진화해서 사람이 되었다면 엄청난 속도로 진화되어야 한다.

단세포생명체를 가둬 놓고 하루가 아니라 한 달, 십 년, 백 년이 지나도 그냥 그대로 있다는 것이다. 단세포는 2세포로 진화를 하지 않는다. 단세포가 2세포로 진화했다면 단세포생명체가 있으면서 2세포생명체가 없을 수는 없다. 현재도 단세포생명체는 무수히 많이 있지만 2세포 생명체는 전혀 없다. 10억 년이 지나도 단세포 생명체는 단세포대로만 존재하고 있는 것이다. 그래서 하나님께서 창조하실 때 지금 있는 것은 그 때도 있고 지금 없는 것은 그 때도 없게 종류대로 창조하셨다. 단세포생명체가 우연히 생성할 수도 없을 뿐 아니라 단세포생명체가 진화하는 것도 사실일 수 없다.

5) 고등 동물의 진화

진화론의 단세포생명체의 생성과 진화는 물론 고등 동물에 관한 진화의 논리도 전혀 과학적이 아니다. 단세포생명체가 진화해서 물고기가 되고, 물고기가 진화해서 새가 되고, 새가 진화해서 젖먹이 동물이 되었다는 것이다. 물고기의 비늘이 새의 깃털로, 물고기의 꼬리가 새의 꼬리로, 아가미가 허파로 진화됐다는 논리다. 그들의 논리대로라면 지금도 진화하고 있기 때문에 지금도 물고기의 비늘이나 새의 깃털 중에는, 비늘이나 깃털의 반은 비늘이고 반은 깃털이 있는 물고기와 새가 있어야 한다. 그런데 이런 물고기나 새는 전혀 없다. 마찬가지로 물고기와 새의 지느러미나 뒷다리가 반은 지느러미이고 반은 뒷다리인 물고기와 새가 있어야 한다. 하지만 그런 물고기나 새는 지구상에 한 마리도 없다.

진화론적 논리의 핵심 중의 하나가 생명체의 모든 부분들이 환경에 잘 적응하도록 필요성이 감소된 것은 없어지고 더 많이 사용하는 부분들은 발달한다는 용불용설(用不用說)이다. 물고기의 가슴지느러미가 진화했다는 새의 날개는 가슴에 붙어 있지 않고 등 뒤로 돌아가서 붙어 있다. 새들이 누워서 배영 하듯 날아다니지 않고 물고기가 유영하는 자세를 고수하기 위해 배에 있던 물고기의 지느러미가 등 위까지 돌아간 것이다. 물고기가 진화해서 새가 됐다면 지금도 사람처럼 옆구리 근처에 반 지느러미와 반 날개의 중간 동물이 있어야 하지만 이런 동물은 지구상에 없다.

용불용설적 진화론의 논리가 맞는다면 코끼리의 그 무거운 코는 턱 밑에 있어야지 입 위에 있어서는 안 된다. 진화론적으로는 물고기보다 하등동물들인 모기를 비롯한 곤충들도 날개는 전부 등에 붙어 있지 가슴에 붙어 있지 않다. 물고기의 지느러미는 반드시 배에, 날짐승의 날개는 등에, 코는 반드시 입 위에 있어야 하는 것이다. 이러한 완전한 질서는 절대로 한 분이 설계한 것이지 우연히 그렇게 되는 것은 확률적으로도 불가능하다. 창조의 설계에 있어서 어떤 것을 보아도 일관성이 있고 질서정연하다는 것은 누가 됐든 창조주는 오직 한 분이라는 것을 뜻한다.

6) 돌연변이

중간체가 없는 것에 대한 진화론자들의 변명이 돌연변이다. 지구상에 서식하고 있는 모든 동식물들에게는 돌연변이현상이 있다. 그러나 어떤 돌연변이로도 진화론을 설명할 수 없다.

첫째로 돌연변이현상은 열성돌연변이만 나타날 뿐 우성돌연변이로는 나타나지 않는다. 따라서 돌연변이 현상으로는 진화론을 설명할 수 없다. 돌연변이현상은 진화론과는 정반대의 퇴화론이어야 맞다.

둘째로 돌연변이는 유전되지 않는다. 돌연변이가 진화론을 설명할 수 있으려면 유전되어야만 가능하다. 돌연변이로 인해 장애자로 태어나도 다음 세대는 장애자가 아니다. 아담과 하와의 갈빗대 수(數)는 다르다. 아담의 갈빗대를 하나 뽑아 하와를 만들어서 아담은 갈빗대가 하와보다 하나 적은 돌연변이이다. 그러면 아담과 하와의 아들인 가인은 어떨까. 가인의 갈빗대 수는 하와와 같다. 아담에게서 갈빗대 하나를 뺐어도 갈빗대유전인자는 같기 때문이다. 그래서 가인이 태어나면 여전히 정상인 것이다. 돌연변이는 제 2대에 가서 보면 다시 정상으로 돌아온다. 유전되는 장애가 있다면 그것은 정상적인 유전이지 돌연변이가 아니다.

셋째로 새 종은 새끼를 낳지 못한다. 진화론의 핵심은 종의 기원이다. 부모와는 전혀 다른 새 유전인자를 갖는 새끼가 태어난다는 논리다. 말과 노새 사이에서 태어난 당나귀나 사자와 호랑이 사이에서 낳은 라이거(liger)는 부모와는 전혀 다른 새 종의 시작이다. 그러나 당나귀나 라이거는 당대로 끝나지 새끼를 낳지 못한다.

전지전능하신 하나님이 절대로 진화론을 설명할 수 없도록 돌연변이를 설계하셨다. 돌연변이 현상으로는 진화론을 증명할 수 없다.

7) 진화론이 주장하는 중간체

진화론적으로는 원숭이와 사람 사이에 유인원이 있다. 말레이 원인이니 북경 원인이니 하는 것들이다. 유인원이라는 것은 사람과 원숭이의 중간체라는 말이다. 이러한 유인원으로서의 증거의 기준은, 뇌의 크기를 기준으로 비교한 분류다. 예컨대 원숭이 뇌의 체적이 1000cc라면 사람의 뇌는 3000cc이고 유인원의 뇌는 2000cc라는 식이다. 공룡이 서식했던 쥐라기 시대가 1억5천만년이라는 것도 공룡의 뇌가 몸의 체적의 10,000분의 1이라는 기준 때문이다. 그러나 공룡의 뇌가 작은 것들만 있었던 것이 아니다.

머리가 좋은 것과 머리의 크기와는 아무 상관이 없다. 머리 크기와 아이큐의 상관관계를 논하는 방식은 진화론적 사고방식인데, 머리가 커야 고등동물이라는 진화론의 논리는 과학적 논리가 아니다.

뇌의 체적이 크다고 고등동물이 아니다. 고래의 뇌는 인간보다 훨씬 크지만, 그렇다고 진화론자들이 사람보다 고래가 더 고등동물이라고는 하지 않는다.

물론 체적 대비 뇌의 크기가 인간에 비해 고래가 작다는 것이 진화론자들의 설명이다. 이런 변명이 성립할 수 없는 것은 참새의 체적 대비 뇌의 크기는 사람의 2.4배나 된다. 새에서 진화한 사람이 참새보다 하등동물이어야 진화론적 논리가 타당하다. 진화론의 논리에 맞도록 편리하게 멋대로 해석하는 것이 진화론의 논리지 누구도 인정할 수밖에 없는 보편타당한 객관적인 과학논리가 될 수 없다.

8) 대진화와 소진화

진화에는 대진화와 소진화가 있다. 대진화란 다윈이 주장한 종의 기원으로 새로운 DNA를 갖는 생명체가 생긴다는 학설이다. 그러나 소진화는 성경적인 내용을 담고 있다. 소진화는 같은 종(種) 내에서의 진화이다. 개의 경우가 대표적인 경우다. 어떤 개는 망아지처럼 크고 어떤 개는 고양이나 쥐로 봐야 될 정도로 크기가 작다. 그러나 개의 DNA와 고양이의 DNA는 전혀 다르다. 개의 다양성은 같은 종 내에서의 진화로 해석할 수 있다.

노아의 홍수 때에도 같은 종을 한 쌍 씩만 방주에 넣은 것이 다양하게 소진화를 하였다. 그것이 오늘의 동물의 세계다. 사람도 노아의 세 아들 셈의 자손이 황인종으로, 야벳의 자손이 백인종으로 함의 자손이 흑인종으로 소진화한 결과로 오늘 날 다양한 종족이 된 것이다. 소진화는 비 성경적이 아니다.

9) 멘델의 유전의 법칙

멘델의 유전의 법칙은 진화론이 아니다. 멘델의 유전의 법칙을 다윈의 진화론의 일부로 착각하는 사람들이 많다. 멘델의 유전의 법칙과 다윈의 진화론은 19세기 중엽 거의 같은 시기에 발표됐지만 마귀적 진화론에 흥분한 결과일 수 있다.

멘델의 유전의 법칙은 성경적 진리다. 성경적인 인간은 유전적으로 아담의 죄성을 갖고 태어난 성악설적(性惡說的)인 존재다.

10) 창조론에 기반을 둔 종교

모든 종교는 창조론에 기초한다. 이 세상의 모든 종교는 사실상 창조론을 믿지 않으면 존재할 수가 없다. 창조론을 믿지 않으면 진화론을 믿어야 하기 때문이다. 불교에서 가장 중요한 교리 중의 하나가 선하게 살면 선한 것으로, 악하게 살면 악한 것으로 다시 태어난다는 '윤회설'(輪回說)이다. 그러므로 창조론을 믿지 않고 진화론을 기준으로 윤회설을 해석하면 지금도 이 세상에는 단세포생명체 하나가 윤회하고 있는 것이어야 하기 때문에, 어떤 형태이든 생명체는 하나밖에 없어야 하는 것이다. 따라서 진화론으로는 불교가 존립할 수 없다.

2부

창세기 1장

1.

첫째 날

태초에 하나님이 천지를 창조하시니라. 땅이 혼돈하고 공허하며 흑암이 깊음 위에 있고 하나님의 신은 수면에 운행하시니라. 하나님이 가라사대 빛이 있으라 하시매 빛이 있었고 그 빛이 하나님의 보시기에 좋았더라. 하나님이 빛과 어두움을 나누사 빛을 낮이라 칭하시고 어두움을 밤이라 칭하시니라. 저녁이 되며 아침이 되니 이는 첫째 날이니라.(창1:1-5)

1. 창세기 1장 1절

태초(太初)에 하나님이 천(天) 지(地)를 창조(創造)하시니라.

• 창조의 설계

창세기 1장 1절은 창세기 1장뿐 아니라 신구약성경 전체에서 제일 중요한 절이다. 창세기 1장 1절을 올바로 해석하지 못하고서는 하나님의 '7일 창조의 설계도' 가 보이지 않을 뿐 아니라 성경적인 신학과 복음의 정립은 불가능하다.

1) 태초(太初)에 בראשית bereshit, 베레쉬트

1절은 '태초(太初)에, 하나님이, 천(天), 지(地)를 창조(創造)하시니라' 의 다섯 단어로 되어있다. 누구나 이 다섯 단어 중 가장 중요한 단어는 '하나님' 이라는데 이의가 없을 것이다. 그런데 1절의 첫 단어는 하나님이 아니라 '태초에' 로 번역된 **בראשית**다.

전 성경 중에서 창세기가 가장 중요한 것은 시작이 반이라는 속담과 같이 첫 성경이기 때문이다. 창세기 50장 중에서 1장이 가장 중요하고, 1장중에서도 1절이, 1절 중에서는 첫 단어인 **בראשית**가 가장 중요하다.

첫 번째가 제일 중요한 것은, 모든 것을 섭리하시는 하나님께서 성경의 편집까지 관여했다는 것이 당연한 사실이기 때문이다. 그래서 신약 성경 중에서도 복음서가, 복음서 중 마태복음서가 가장 중요한 것이다.

우리말 성경은 제목이 창세기지만 히브리어 제목은 창세기가 아니라 **בראשית**이다. **בראשית**는 1절의 첫 단어일 뿐 아니라 창세기 전체의 제목일 정도로 중요하다.

• **창조의 설계**

우리말 성경에서는 창세기 1장 1절도 '태초에' 이고, 요한복음 1장 1절도 '태초에' 다. 그러나 창세기 1장 1절의 '태초에' 의 בראשית는 히브리어이고, 요한복음 1장 1절의 '태초에' 는 헬라어 '아르케(ἀρχή)' 이다. 영어성경에서도 이들 두 단어를 동일하게 '시작에' (In the beginning)로 번역했다.

히브리어 בראשית와 헬라어인 '아르케' (ἀρχή)는 같은 개념이 아니다. 요한복음 1장 1절의 '태초에' (ἀρχή)는 영원 전부터라는 뜻이고 창세기 1장 1절에서 '태초에בראשית' 는 시간의 시작이라는 의미다. 창세기 1장 1절 전에는 공간(天)도 물체(地)도 없는 상태이므로 시간도 없는 전무(全無)한 상태에서 시간이 시작된다는 말이다. 이때부터 시간이 흘렀다는 것이다. 하나님이 창세기 1장 1절에 처음으로 시간을 창조하셨다는 말이다. 모든 역사는 창세기 1장 1절에서 시작됐다.

a. **시간의 설계**

하나님과 천국에는 시간이 없다. 하나님은 초월적 존재이고 천국은 초월적 세계다. 과거와 현재와 미래의 시간은 육신의 세계에서만의 문제일 뿐 시간과 공간을 초월하신 하나님께는 영원 전부터 영원 후까지 항상 현재다. 그래서 성경은 "주께는 하루가 천년 같고 천년이 하루 같은 이 한 가지를 잊지 말라." (벧후3:8)고 말씀하는 것이다. 이점이 시간적 존재인 인간이 하나님을 이해하는데 있어서 가장 어려운 요소다.

하나님은 세상창조를 시작하시기 전부터 이미 세상의 끝까지를 현재적으로 보시면서 7일 창조를 설계하셨다. 그래서 하나님의 6일 창조의 창세기 1장은 온 우주 만물의 창조기사(創造記事)임과 동시에 육의 세상을 폐지(창1:1-계20:15)하기까지의 모든 역사의 설계도인 것이다.

b. 상대적 시간

시간은 세상이 존재하는 동안(창1:1-계20:15)만 흐르는 한정된 시간이다. 이렇게 역사적인 시간이란 무한한 것이 아니라 한정되어 있기 때문에, 그동안만 시간이라는 개념이 있는 것이다. 그래서 세상에서의 인간에게는 하나님보다 더 중요한 것이 시간이라는 점을 강조하시기 위해 창세기의 첫 단어를 하나님이 아닌 '태초에' 로 정하신 것이다.

c. 시한부 인생

인간은 누구나 시한부 인생으로 산다. 육신으로 태어난 인간은 누구나 "한번 죽는 것은 사람에게 정하신 것이요."(히9:27)라는 말씀대로 반드시 죽어야 한다. 그래서 예수님도 죽으신 것이다. 사신이 언제 죽을지를 모르고 살뿐이지, 나면서부터 시한부 인생으로 곶감을 빼먹듯 죽음을 향해 하루하루를 살아가고 있는 것이다. 시간은 돈이 아니라 생명이다. 그래서 육신의 인간에게 있어서는 하나님보다 더 중요한 것이 '시간'이다.

d. 시간의 주권

하나님이 전 성경의 첫 단어를 '태초에'로 쓰신 것보다 '태초에'를 더 강조할 수 있는 성경적 방법은 없는 것 같다. 하나님께서는 어떤 것은 가르쳐 주시기도 하고 어떤 것은 의도적으로 "일곱 우뢰가 발한 것을 인봉하고 기록하지 말라."(계10:4)는 말씀처럼 숨기시기도 한다.

누구에게도 가르쳐 주시지 않고 철저하게 숨기시는 한 가지가 있다. 바로 시간성이다. 심지어 "그 날과 그 때는 아무도 모르나니 하늘의 천사들도 아들도 모르고 오직 아버지만 아시느니라."(마24:36)라고 말씀하심과 같이 성자 하나님께도 숨기시고 계신 것이 시간성이다. 원칙적으로 하나님은 모든 것을 알려주기를 원하시지만 시간에 대해서만은 철저하게 주권을 행사하신다. 과거를 맞힐 수 있을지 모르지만 미래의 시간성은 하나님 외에는 누구도 알 수 없다.

e. 독생하신 하나님

하나님은 전능하심에도 불구하고 육신의 인간으로 세상에서 살 수 있는 기회는 단 한번밖에 없다. 그 단 한번의 육신의 삶을 위해 성육신(成肉身)하셨다는 것을 '독생하신 하나님' (요1:18)이라고 말씀하시는 것이다. 그래서 십자가에서 죽어 부활 승천하셨다가 재림하시는 주님은 "번개가 동편에서 나서 서편까지 번쩍임 같이 인자의 임함도 그러하리라." (마24:27)라고 말씀하신대로 시공을 초월하신 하나님으로 오신다. 육신의 인간으로 오시는 것이 아닌 것이다.

이렇게 육신의 인생은 전능하신 하나님도 한번밖에 살아보실 수 없으리만큼 중요하다. 그래서 '태초에' 를 첫 단어로 정하신 것이다.

f. 길에서 사화하라

육신의 인간이 천국 구원을 받을 수 있는 기회는 오직 육신에 있을 때뿐이다. 어떤 사람이든 사후에는 절대로 구원을 받을 방법이 없다. 이런 시간 설계를 주님이 "너를 송사하는 자와 함께 길에 있을 때에 급히 사화하라, 그 송사하는 자가 너를 재판관에게 내어주고 재판관이 관예에게 내어주어 옥에 가둘까 염려하라. 진실로 네게 이르노니 네가 호리라도 남김이 없이 다 갚기 전에는 결단코 거기서 나오지 못하리라." (마5:25-26)라고 하신 것이다. 논리적으로도 구원의 기회란 시간성이 지배하는 육의 세상에서의 문제이지 시공을 초월한 영계에서의 문제일 수 없다. 가톨릭의 연옥설은 성경적으로는 물론 논리적으로도 완전히 모순 된 교리다.

2) 창조(創造)하다 ברא bara, 바라

우리말로 '태초에 하나님이 천지를 창조하시니라' 로 번역된 1절의 히브리어 원문의 두 번째 단어는 '창조하다' 로 번역한 ברא다.

• 창조의 설계

ברא는 하나님이 실제로 계시다는 것을 부인할 수 없을 만큼 중요한 단어이다. ברא는 '만들다' 의 개념이 아니다. '만들다' 는 이미 있는 재료를 변개한다는 것이지만 ברא의 개념은 없음에서 있음의 상태로 바뀌는, 전무(全無)에서 유(有)로의 전환(轉換)이다.

ברא는 창조주 하나님의 백성의 언어인 히브리어에만 있는 단어지 창조주가 없는 다른 나라 말에는 없기 때문에 번역이 불가능한 단어다. 지구상의 모든 부족들마다 자신들의 생성과 존재에 관한 많은 설화들이 있다. 우리나라의 경우 단군설화나 박혁거세설화와 같은 것이 있다. 세상의 모든 부족들의 생성과 존재에 관한 설화들의 공통점은 인간의 주변에서 일어나는 일상적인 현상의 연장선에 설화가 있다는 점이다. 우리가 우리 부모로부터 태어나는 것에 대상만 바꿔놓은 것이 설화의 실체이다. 그래서 창조주 하나님의 백성인 히브리인들 외의 다른 언어에는 ברא의 개념의 단어가 있을 수 없는 것이다.

a. 하나님께만 사용

인간은 '만들다' 이상은 할 수 없다. ברא라는 동사는 인간이 할 수 있는 행위의 개념이 아니다. 전혀 없음에서 있음으로의 전환은, 가시적 결과만이 기준인 인간으로서는 초월적인 사건이다. 그래서 창세기 1장에서는 ברא동사 대신 사용한 단어가 영어의 'Be' 동사인 '있다' הָיָה haya, 하야 이다. ברא의 개념이 'Be' 동사이고, 'Be' 동사란 그냥 존재한다는 의미이지 '만들다' 거나 '바꾸다' 의 개념이 아니다. 빛이 있으라 하시매 그냥 빛이 있는 것, 전무한 상태에서 존재로의 전환인 것이다. 이렇게 ברא대신에 'Be' 동사를 쓴 것을 보면 ברא의 개념이 훨씬 더 명백해진다. 과정이 있는 것이 아니라는 것이며 전지전능한 창조주에게만 해당되는 동사라는 것이다. 그래서 ברא 동사는 성경에 많이 나오지만 하나님이 주어가 아닌 경우에 사용한 예가 단 한번도 없다.

b. ברא와 Be

창조주 하나님이 온 우주 만물을 창조하시는 창세기 1장에서는 대부분의 경우 ברא동사를 써야 할 것들에 ברא를 쓰지 않고 'Be' 동사를 쓰고 ברא를 4번만 사용하여 ברא 동사의 사용의미를 강조하고 있다. 1절에서는 물질계를 창조하실 때, 21에서는 혼(魂)을 창조하실 때, 27절은 인간의 영을 창조하실 때 한번 그리고 하나님의 영을 인간의 육신 속에 넣으실 때 한번 쓰신 것이다. 하나님의 영을 하나님이 창조하셨다는 것이 아니고, 인간의 육신 속에 하나님의 영을 넣으셔서 하나님의 영이 있는 인간이 됐다는 말이다. 창세기 1장의 6일 창조의 기사는 온 우주 만물의 창조를 계시하신 것임과 동시에 '인간과 인간 구원의 설계도' 인 것이다. 그래서 하나님은 온 우주 만물을 다 창조하시고 마지막으로 사람을 창조(창1:27)하신 것이다.

3) 하나님 אלהים elohim, 엘로힘

우리나라 말의 '하나님' 이라는 단어는 고유명사가 아니라 일반명사이다. 그런데 많은 사람들은 우리말의 '하나님' 이라는 단어를 고유명사로 잘못 알고 있다. 만약 '하나님' 이라는 호칭이 고유명사라면, 미국인도 '하나님' 이라고 불러야 할 것이다.

a. 하느님과 하나님

우리말의 문법상으로는 '하나님' 이 아니라 '하느님' 이 맞다. 왜냐 하면 하느님은 하늘의 초월자라는 뜻이기 때문이다. 유일신의 개념은 히브리인들밖에 없었기 때문에 우리나라 말에 유일신 개념의 단어가 있을 리 없다. 그런데도 일부 그리스도인 가운데는 '하나님' 이라는 단어가 오직 하나밖에 없는 유일신의 의미라고 생각하는 사람들이 있다.

아마도 '하느님' 이 '하나님' 으로 바뀌게 된 것은 동양의 예루살렘이라고 일컬어지던 평양에서, '하느님' 발음을 잘 하지 못하는 평양 신학자들에 의해서 '하느님' 이 '하나님' 으로 번역된 것으로 보인다. 그러나 이 말은 일반명사이고, 언어는 언제든지 변하기에 어떻게 부르든지 큰 문제는 없을 것이다. 사실 이 단어가 우리나라 말로 '하느님' 이냐 '하나님' 이냐가 중요한 것이 아니라 원문에서 이 단어가 어떤 의미를 가졌느냐가 중요하다.

b. 하나님 אלהים

우리나라 말로 하나님이라고 번역된 단어는 히브리 원문으로 '엘로힘אלהים'이다. '엘로힘' 이라는 단어는 본래 '엘'אל의 신(神)이라는 단어에 '-임' ם의 복수 어미가 합해진, 직역하면 '신들' 이다. 히브리어로도 אלהים은 보통명사지 고유명사가 아니다. 그래서 이스라엘, 벧엘, 사무엘 등의 '엘' 과 회교도들이 '알라' 라고 하는 말은 다 신이며 하나님이라는 뜻이다.

이렇게 '엘로힘' 이란 단어는 신들이라는 복수이기 때문에 우리 말로 번역할 때 두 가지로 번역한다. 그래서 '엘로힘' 이라는 단어는 하나는 유일신(唯一神) 개념의 하나님으로, 또 하나는 잡신의 의미를 가진 신으로도 번역한다. 성경에 우상의 의미로 쓰인 신의 히브리 원문은 전부 '엘로힘' 이다. 하나님이라는 단어가 따로 있고 신이라는 단어가 따로 있는 것이 아니다.

그렇기 때문에 어떤 때에 하나님으로 번역하고 어떤 때에 신으로 번역을 했느냐 하는 것은 문맥적으로밖에 알 수 없다. 번역을 해서 달라진 것일 뿐 원문 자체로는 하나님이나 신으로 구별되어 있는 단어가 아닌, 모든 영(靈)적인 존재들을 지칭하는 말이다.

이렇게 '엘로힘' 이란 단어가 유일신과 잡신으로 혼용하므로 생길 수 있는 점을 이용해 뱀이 선악과로 하와를 미혹한 것이다. 뱀이 하와에게 "너희가 그것을 먹는 날에는 너희 눈이 밝아 하나님(엘로힘)과 같이 되어 선악을 알 줄을 하나님(엘로힘)이 아심이니라."(창 3:5)라고 한다. 뱀은 잡신이며 귀신과 같이 된다는 의미로 사용한 '엘로힘' 을 하와는 창조주 하나님과 같이 되는 것으로 해석하여 선악과를 따먹은 것이다.

c. 하나님 '엘로힘' 의 속성

하나님은 전지전능하셔서 히브리어에 유일신 개념의 단어와 잡신 개념의 단어를 구별하여 별개로 쓰도록 하실 수 있음에도 불구하고 왜 '엘로힘' 이라는 단어를 유일신과 잡신에 함께 혼용 사용하게 하신 것인지가 중요할 수밖에 없다.

성경에서 '엘로힘' 의 개념을 가장 잘 정립하고 있는 곳은 떨기나무 불꽃 가운데서 모세를 부르시어 이스라엘을 출애굽시키기 위해 그를 파송하실 때의 말씀이다. 하나님이 모세와 정녕 함께 계실 터이니 가서 이스라엘을 애굽에서 인도해 내라고 말씀(출3:10)하신다. 애굽에서 430년 간 종살이를 하고 있던 이스라엘이나 모세에게는 유일신 신앙이 없기 때문에, 모세가 이스라엘이 섬기는 많은 신들 중에 지금 자신과 말씀하고 있는 '엘로힘'의 이름이 무엇이냐(출3:13)고 묻는 것이다. 즉 많은 '엘로힘' 중에 당신이 누구냐고 묻는 것이다. 하나님이 "나는 스스로 있는 자니라."(출3:14)라고 대답하신다. 헬라어로 Εγώ είμι(요4:26)이고 영어로 I am who I am. I am being who I am being.이다.

이는 나는 너희들이 지금까지 섬겨오던 모든 '엘로힘' 중에 아주 최고로 특별한 하나님이라고 하시는 것이다. 전능자다, 창조주다 등의 답변이 아니라 "나는 스스로 있는 자다"라는 말은 '엘로힘'으로서의 하나님에 관한 모든 속성의 답변이다.

① 자존자(自存者)

'나는 스스로 있는 자다'라는 말은 '엘로힘' 하나님은 자존자라는 말이다. 하나님 자신의 존재의 원인과 결과가 모두 하나님 자신이라는 것이다. 자신의 존재 원인이 자신인 자는 자존자일 수밖에 없다.

② **제1원인(第一原因)**

'나는 스스로 있는 자다' 라는 말은 철학적인 용어로 '엘로힘' 하나님은 '제1원인' 이라는 뜻이다. 원인이 없는 결과는 없다. 육신의 부모 없이 태어난 자식은 없다. 그러나 첫 사람 아담은 육의 부모가 없다. 아담의 원인은 하나님(눅3:23-38)이다. '엘로힘' 하나님은 모든 물리적 존재의 최초의 원인이고 그 이상은 원인이 없다는 뜻이다. 그래서 '엘로힘' 하나님은 '제1원인' 이시다.

③ **창조주(創造主)**

'나는 스스로 있는 자다' 라는 말은 '엘로힘' 하나님은 창조주라는 말이다. '엘로힘' 하나님 외의 모든 것은 '엘로힘' 하나님에 의해서 창조된 피조물이라는 뜻이다. '엘로힘' 하나님은 물질에 속한 온 우주 만물(창1:1-31)뿐 아니라 영계에 속한 영적 존재들과 천국과 지옥의 영계의 모든 것을 창조하신 창조주라는 말이다.

④ **전능자(全能者)**

'나는 스스로 있는 자다' 라는 말은 '엘로힘' 하나님은 전능자라는 말이다. '엘로힘' 하나님은 시간과 공간을 초월한 신적존재이며 영계에서나 육신의 세상의 어떤 것이든지 불가능이 없는 자라는 말이다.

⑤ **유일신(唯一神)**

'나는 스스로 있는 자다' 라는 말은 '엘로힘' 하나님은 유일신이라는 말이다. 전능자는 둘일 수 없다. 최초의 제1원인은 하나밖에 없다. '엘로힘' 하나님은 초월적인 전능한 하나밖에 없는 신이기 때문에 유일신이다.

⑥ **객관적(客觀的)으로 존재**

'나는 스스로 있는 자다' 라는 말은 '엘로힘' 하나님은 객관적으로 존재하는 신이라는 말이다. '엘로힘' 하나님이 객관적으로 존재한다는 것은, '엘로힘' 하나님은 인간과의 관계에 있어서 인간의 모든 것에 대해서는 관여하지 않는 관람자와 같은 신이라는 말이다. 이러한 '나는 스스로 있는 자' 로서의 '엘로힘' 하나님은 신의 본래의 속성이며, 성부 하나님의 속성이다.

d. 종교

'나는 스스로 있는 자다' 라고 하신 유일신인 '엘로힘' 하나님과 범신적인 '엘로힘' 을 정립하지 못하고는 기독교와 종교를 알 수 없다. 기독교와 종교를 신론적으로 명백하게 정립하지 않으면 기독교도 유대교에 머무를 수밖에 없다.

인간의 생활 규범으로서의 법이 있고 윤리와 도덕 그리고 종교가 있다. 종교를 이해하기 위해서 먼저 법이 무엇인지를 알아야 한다. 법(法)이란 어느 집단에서 그 구성원으로서 자격을 유지하기 위해 지켜야 할 최하한의 기준이다. 어느 집단에 속해 있는 구성원이 법을 어겼을 때 그 사람은 그 집단 구성원의 자격을 박탈당한다.

그에 비해서 윤리, 도덕은 법보다는 수준이 높다. 윤리, 도덕적인데에 문제가 있다고 해서 법을 어겼을 때와 같이 구성원의 자격을 박탈당하는 것은 아니다. 그러나 대통령과 같은 지도자가 되기 위해서는 최소한의 법만 지키는 것으로는 충분하지 않다. 그 보다 더 높은 윤리, 도덕적 수준을 요구한다.

그러나 세상의 모든 종교(宗敎)의 가르침은 법을 범하지 않는다거나 소극적으로 윤리, 도덕을 지키는 것보다 더 높은 수준의 적극적인 선(善)으로 살게 하려는 것이 목적이다.

모든 종교가 얻은 유일한 결론은, 종교적 수준의 선한 삶을 살기 위해서는 사람의 행위의 원인인 마음이 반드시 선해져야만 가능하다는 것이다. 그렇기 때문에 사람의 마음을 선하게 바꾸려는 것이 모든 종교가 추구하는 목표이다. 유무신의 여러 가지 종교와 종파가 나뉘는 것은 원칙적으로는 사람의 마음을 선하게 바꾸려는 방법의 차이 때문이다.

세상의 모든 종교적 행위의 근본은 '선한 삶을 살아서 마음을 선하게 바꾸려는' 데 있다. 선행이나 고행을 통해서 마음을 선하게 바꾸려는 것이다. 마음의 결과인 행위를 선하게 하기 위해서, 행위의 원인인 마음을 선하게 바꾸려는 것이 종교의 원리다. 그런데 거꾸로 마음의 결과인 행위를, 선하게 살아서 마음을 선하게 바꾸겠다는 것이 종교다. 세상에 이런 모순이 어디 있는가? 이와 같이 세상의 모든 종교는 논리적으로 모순이다.

이런 측면만 보아도 성경만이 완전한 진리다. 절대선 절대의이신 삼위일체의 성령 하나님이 인간의 마음에 직접 들어오셔(고후1:22)서 인간의 마음 자체를 선하게 바꾸시는 것이 성경의 원리다. 성경적 원리는 원인인 마음을 선하게 바꿔서 결과인 행위가 선한 사람이 된다는 논리지, 행위를 선하게 하므로 마음을 선하게 바꾼다는 논리가 아니다.

⑦ 심판주

'나는 스스로 있는 자다' 의 '엘로힘 하나님' 은 심판주 하나님이다.

엄밀히 말해서 세상 모든 종교에는 신이 없다. 자기 스스로 결단하고 훈련하여 선하게 살아야 하는 것이 종교이기 때문이다. 그럼에도 불구하고 무신 종교인 불교를 비롯한 모든 종교에는 항상 신이 개입한다. 거짓이고 사기다. 가장 낮은 수준의 법도 지키지 못해서 항상 문제인 인간에게 윤리, 도덕보다 더 높은 수준의 종교적 요구를 지켜야 한다는 것은 "의인은 없나니 하나도 없으며 깨닫는 자도 없다."(롬3:10-11)라고 성경이 증거하는 것과 같이, 어느 누구도 가능하지 않다.

그래서 종교적 높은 수준의 요구를 강제로 지키게 하기 위하여, 인간의 영적 본능을 이용하여 당근과 채찍, 권선징악, '엘로힘' 의 심판주로 종교에 신을 개입시키는 것이다. 이런 신은 스포츠 경기에서처럼 반칙하면 호각을 불고 잘 하면 상을 주는 신이다. 이렇게 모든 종교의 신은 객관적으로만 존재한다. 인간의 행위를 하는 동안에는 삶에 간섭하는 것이 아니라 인간 스스로가 행하기 때문에 행위에 대한 모든 책임은 인간 자신이 지고, 신은 다만 인간 행위의 결과만을 심판하는 것이다.

유일신 '엘로힘' 하나님도 종교적인 '엘로힘' 과 같이 객관적으로 존재하는 심판주 엘로힘(요5:27)이다.

⑧ 공의의 '엘로힘'

'나는 스스로 있는 자다' 의 '엘로힘' 하나님은 공의의 하나님이다. '엘로힘' 하나님은 객관적으로 존재하는 초월적 신이기 때문에 공의로운 심판자이다. 이러한 공의의 심판자인 '엘로힘' 하나님의 속성은 유일신만이 아니라 권선징악의 심판자인 모든 종교적 신의 속성이다. 예수님께서도 이러한 심판자로서의 '엘로힘' 적 신인 때가 있다. 마지막 심판(계20:12-15))을 하실 때다. 그 때의 예수님은 피도 눈물도 없는 냉정한 공의의 심판자이시다.

⑨ 절대자

'나는 스스로 있는 자다'의 '엘로힘' 하나님은 절대자라는 말이다. '엘로힘' 하나님은 절대선(絶對善) 절대의(絶對義)의 공의의 전지전능의 유일신이다. 하나님이 하시는 모든 것은 항상 선하고 의롭다. 그래서 "범사에 그를 인정하라."(잠3:6)라고 하실 뿐 아니라 하나님은 "모든 것을 합력하여 선을 이루신다."(롬8:28), "항상 기뻐하라. 쉬지 말고 기도하라. 범사에 감사하라. 이는 그리스도 예수 안에서 우리를 향하신 하나님의 뜻이니라"(살전5:16-18)라고 말씀하는 것이다.

4) 여호와 יהוה

유일신으로서의 '엘로힘' 하나님이란 호칭은 일반명사이며, 고유명사는 '여호와'(**יהוה**)다.

a. 여호와와 야훼

유일신 '엘로힘' 하나님의 히브리어 고유명사 '**יהוה**'를 '여호와' 로 번역하기도 하고 '야훼' 로 번역하기도 한다. 그러나 엄밀히 말하면 하나님의 고유명사인 히브리어 'יהוה' 의 정확한 발음은 아무도 모른다. 왜냐하면 제3계명에서 "너는 너의 하나님 '여호와' 의 이름을 망령되이 일컫지 말라" (출20:7)는 명령 때문에 호칭하는데 문제가 생겼던 것이다.

하나님 '여호와' 의 이름을 망령되이 일컫지 말라는 의미를 유대인들이 '여호와' 라는 소리로서의 이름을 부르면 안 되는 것으로 받아들였기 때문이다. 그래서 혹시 하나님의 이름인 '여호와' 를 실수로라도 부를 것을 두려워하여 성경을 읽을 때에도 읽을 수 없게 성경에도 모음은 전부 생략하고 오직 자음인 יהוה 만 기록한 것이다. 이렇게 자음만 써 놓고는 성경을 읽을 때에도 'יהוה'를 항상 히브리어로 주님이라는 '아도나이' אדני로 바꿔 읽은 것이다. 그래서 킹제임스버전을 비롯한 대부분의 영어 번역은 '여호와' 를 유대인들이 발음한대로 주님(The Lord)으로 번역한 것이다.

이렇게 된 것을 후에 일부 신학자들이 자음만 남아 있는 단어를 가지고 연구해 일부는 '여호와' 라고 추정하고 일부는 '야훼' 라고 추정해서 혼란이 생긴 것이다. 엄밀하게 말해서 '여호와' 와 '야훼' 둘 중 어느 하나가 맞을 수도 있고 둘 다 틀릴지도 모른다. 정확한 것은 천국에 가서야 알 수 있을 것이다. 문제는 'יהוה' 의 발음이 '여호와' 냐 '야훼' 냐가 아니라 'יהוה' 의 의미가 무엇인지가 중요한 것이다.

b. E문서와 J문서

창세기 1장 1절부터 2장 3절까지는 하나님의 호칭을 전부 '엘로힘' 으로만 기록했다. 그리고 2장 4절부터 '여호와' 가 등장한다. 성경이 하나님의 말씀이 아니라고 주장하는 사람들 중에 문서 비평가라는 자유 신학자들이 있다. 자유 신학자들은 성경에는 'E문서' 가 있고 'J문서' 가 있다고 주장한다. E문서는 하나님을 '엘로힘' (Elohim)으로 표기한 성서이고, J문서는 '여호와' (Jehowah)로 표기한 성서라는 것이다.

예수님께서도 창세기의 저자가 모세(막10:3-8)라고 하셨음에도, 이들은 창세기의 저자가 모세가 아니라 중동지방에 대대로 전승해 내려오던 창조 설화를 바벨론 포로 시절 서기관들과 제사장들이 정리해 기록했다고 주장한다. 그래서 서기관들은 제사장이 아니기 때문에 하나님을 '여호와' 라고 부를 수 없어서 하나님의 호칭을 '엘로힘' 으로 기록했다고 해서 'E문서' 라는 것이다. 반면 제사장들은 솔로몬 성전에서 제사를 지내며 하나님을 '여호와' 라고 불렀기 때문에 하나님의 호칭을 '여호와' 라고 썼다고 해서 'J문서' 라는 것이다.

c. 구약의 하나님 호칭

사람의 이름이든 하나님의 이름이든 발음도 중요하겠지만, 이름에는 의미가 있다. 이름의 의미가 중요하기 때문에 하나님도 아브람을 아브라함으로, 주님도 시몬을 베드로로 바꾸어주신 것이다. 이름의 의미가 중요하지 않은데 하나님이나 주님이 바꿔주실 리가 없다. 이는 하나님의 이름인 '여호와' 의 의미를 반드시 알아야 한다는 뜻일 것이다. 그런데도 유대교나 기독교나 '여호와' 라는 발음에만 마음을 썼지 의미를 성경적으로 전혀 정립을 하지 않은데 문제가 있다.

떨기나무 불꽃 가운데서 부르신 하나님이 어떤 신이냐고 그 이름을 묻는 모세에게 하나님께서 먼저 '엘로힘' 으로서의 유일신론을 정립해 주(출3:14)신 다음 "하나님이 또 모세에게 이르시되 너는 이스라엘 자손에게 이같이 이르기를 나를 너희에게 보내신 이는 너희 조상의 하나님 곧 아브라함의 하나님, 이삭의 하나님, 야곱의 하나님 여호와라 하라. 이는 나의 영원한 이름이요 대대로 기억할 나의 표호니라."(출3:15)라고 '여호와' 의 의미를 설명하셨다.

누구든지 유일신으로서의 '엘로힘' 을 정립한 사람이라면 어렵지 않게 본문에서 하나님께서 설명하시는 '여호와' 의 의미를 제대로 이해할 수 있을 것이다. 하나님께서 모세에게 정립해주시는 유일신 하나님으로서의 '엘로힘' 과 '여호와' 개념의 차이는 다음과 같다.

'엘로힘' 하나님은 인간에 대해 객관적으로 존재하고 계신 하나님이시다. '여호와' 하나님은 물론 '엘로힘' 의 속성을 갖고 계시지만 그럼에도 불구하고 인간에게 다가오셔서 인간과 교제하며 관계성을 유지하면서 인간과 함께 하시는 하나님이시다.

객관적으로 존재하시는 '엘로힘' 하나님은 '나는 스스로 있는 자' 이지만 인간과 함께 하시는 '여호와' 하나님은 '너희 조상의 하나님' 이시다. 객관적으로 존재하시는 '엘로힘 하나님' 이 '하늘의 하나님' 이라고 한다면 땅에 있는 인간과 인격적 교제를 하시는 '여호와 하나님' 은 '하늘의 하나님' 이며 동시에 '땅의 하나님' (창24:3) 인 것이다.

이렇게 '여호와' 하나님은 인간과 인격적 교제를 원하시는 하나님이라는 것을 "나 여호와가 말하노라 이 언약은 내가 그들의 열조의 손을 잡고 애굽 땅에서 인도하여 내던 날에 세운 것과 같지 아니할 것은 내가 그들의 남편이 되었어도 그들이 내 언약을 파하였음이니라." (렘31:32)라는 말씀처럼 하나님이 인간의 남편이시라고 말씀하신다. 그래서 "나 여호와 너의 하나님은 질투하는 하나님" (출20:5)이라고 말씀하시는 것이다.

성경 전체를 통틀어 '여호와' 의 개념에 관한 이런 해석에는 모순이 없다. 아브라함이나 이스라엘의 '여호와' 라든가 나의 '여호와' 라는 단어는 성경 어디서도 찾아볼 수 없다. 왜냐하면 '여호와' 안에 나의 하나님의 개념이 들어가 있기 때문이다. 사랑의 '여호와' 라는 말도 역시 존재하지 않는다. 우리 '여호와' , 나의 '여호와' 라는 말은 모두 틀린 말이다.

이렇게 '여호와' 와 '엘로힘' 을 바로 구별하는 것은 매우 중요하다. 창세기 1장은 하나님의 창조 사실을 객관적으로 기록한 책이므로 반드시 '엘로힘' 이어야 하며 창세기 2장은 하나님과 인간의 관계에 관한 기록이기 때문에 '여호와' 이어야 한다. 구약성경 전체에서 하나님의 호칭에 관한 '엘로힘' 과 '여호와' 만이라도 이와 같이 확인해본 사람이라면 누구든지 놀라울 정도로 성경이 전혀 모순이 없는 완전한 통일성을 견지하고 있는 하나님의 말씀임을 인정하지 않을 수 없을 것이다.

d. 신약의 하나님 호칭

이러한 성경의 통일성을 확인하려면 구약의 히브리어로서의 '엘로힘' 과 '여호와' 의 의미를 헬라어로 기록한 신약에서의 확인이 필수이다. 구약의 '엘로힘' 은 신약의 헬라어로는 '데오스' (Θεός)이다. 신약의 '데오스' 도 '엘로힘' 과 같이 유일신 개념이 아니다. 헬라 사람들에게는 유일신 개념의 단어가 있었을 리가 없다. 따라서 문맥상 유일신일 경우에는 대문자 'Θεός' 로 기록하고 문맥상 잡신일 경우에는 소문자 'Θεός' 로 기록하였다. 따라서 '데오스' 를 모두 하나님으로 번역하는 것은 옳지 않다. 그래서 유일신 개념의 '데오스' 의 번역은 하나님이고 잡신적 개념의 '데오스' 의 번역은 신으로 한 것이다.

신약성경에서 하나님을 호칭하는 단어 중 '주' (쿠리오스 κύριος) 라는 단어가 있다. 이 헬라어 'κύριος' 는 히브리어의 '아도나이' 와 동일한 의미다. 이 'κύριος' 는 구약의 '아도나이' 와 마찬가지로 하나님을 지칭하는 경우와 보통의 주인이라는 두 가지 의미로 사용된다. 그래서 이 단어를 영어로 번역할 때 하나님의 경우는 구약의 '아도나이' 와 같이 대문자(The Lord)로, 일반적 '주' 는 구약의 '아도나이' 의 번역과 같이 소문자(lord)로 했다.

신약에는 '여호와' 라는 단어는 존재하지 않음은 물론 어떤 다른 하나님의 고유명사도 기록하고 있지 않다. 다만 '엘로힘' 은 '데오스' 로 '아도나이' 는 '쿠리오스' 로 표현하고 있지만 '여호와' 를 헬라어로 직접 기록한 곳은 없다. 주님께서도 하나님을 항상 '아버지' 라고만 부르시며 한 번도 '여호와' 라든가 하는 하나님의 이름을 부르신 적이 없다. 그렇다면 구약의 '여호와' 의 신약적인 의미는 인간을 사랑하시고 인간과 인격적인 관계를 유지하기 원하시는 '아버지' 일 것이다. 이렇게 성경이 기술하고 있는 하나님의 호칭은 신구약 전체에서도 전혀 모순 없이 완전한 통일성을 견지하고 있다.

e. 성경의 단계

하나님의 호칭을 '엘로힘' 과 '여호와' 로 구별하시는 것은 다만 하나님의 속성의 차이만을 계시하기기 위함이 아니다. 하나님께서는 모세에게 "나는 '여호와' 라. 내가 아브라함과 이삭과 야곱에게 전능의 '하나님(엘로힘)'으로 나타났으나 나의 이름을 '여호와' 로는 그들에게 알리지 아니하였고"(출6:2-3)라고 말씀하신다. 아브라함과 이삭과 야곱은 하나님의 이름이 '여호와' 라는 사실을 이미 알고 불렀으며(창12:8) 모르지 않았다. 그런데 하나님은 이들에게 '엘로힘' 하나님으로만 나타나셨지 '여호와' 의 이름을 알리지 않으셨다고 말씀하신다. 이는 호칭으로 하나님의 속성만을 구별하시는 것이 아니라 성경까지도 구별하시는 것이다.

아브라함과 이삭과 야곱에게는 전능의 '엘로힘' 으로 나타났지 '여호와' 의 이름을 알리지 않으셨다는 말씀은 창세기는 하나님의 '엘로힘' 의 속성을 계시하신 책이며 '여호와' 의 속성을 계시하시는 것은 모세 이후의 출애굽기부터라는 말씀이다. 따라서 창세기와 출애굽기 이후의 하나님의 역사의 원리를 구별해서 볼 수 있어야 한다.

하나님은 창세기의 노아와는 '엘로힘' 적으로 관계하시는 것과는 달리 출애굽기에서 모세와는 '여호와' 적으로 관계하신다. 노아에게는 홍수로 멸하겠으니 방주를 짓고 들어가라고 일방적으로 명하시고 행(창7:1-24)하신다. 그러나 모세에게는 "내가 그들에게 진노하여 그들을 진멸하고 너로 큰 나라가 되게 하리라."(출32:10)라고 하셨지만 모세가 강력하게 이의를 제기하자 '여호와' 께서는 뜻을 돌이키시어 화를 내리시지 않으(출32:11-14)신다. 모세와는 의논을 하신다는 의미다.

이렇게 창세기는 '엘로힘'을 계시하는 책이며 출애굽기부터는 '여호와'를 계시하시는 책이다. 창세기의 하나님은 항상 일방적이며 출애굽기부터는 인간과 교제하시는 쌍방향적인 하나님이시다. 이런 성경의 기록 원리를 바로 정립하지 못하면 하나님도 성경도 코끼리 다리 만지기식 이상은 알 수 없다.

f. 신앙의 단계

하나님이 어떤 방법으로도 자신을 계시하여 주시지 않으면 가시적 결과만이 기준인 인간은 초월적 존재인 하나님을 알 수 없다. 하나님이 '엘로힘'적으로 계시하시는 목적은 인간으로 하여금 초월적인 하나님의 존재성을 실제로 알고 믿게 하려는 데 있다. 그래서 창세기뿐 아니라 하나님 역사의 첫 단계는 항상 '엘로힘'적인 기적들이다. 출애굽을 위한 열 가지 재앙(출7-12장)이나 여리고를 무너뜨리신 것(수6장)이나 주님이 행하신 표적들과 오순절에 성령이 강림하신 것(행2:1-4)등이 그 대표적인 예이다. 개인의 신앙에 있어서도 신앙의 출발은 하나님의 존재를 믿는 것부터이기 때문에 신앙 초기에 많은 표적을 체험하게 하시는 것이다.

하나님이 '엘로힘'적으로 계시하시는 더 중요한 목적은 '여호와'적으로 교제하게 하시려는 것이다. 하나님의 존재가 믿어졌으면 이제는 하나님이 함께 하신다는 믿음으로 행하라는 것이다. 하나님이 여리고를 '엘로힘' 적으로 무너뜨리시고는 하나님이 함께 하심을 믿고 아이성은 너희가 싸워서 함락하라는 것이다. 신앙의 경륜이 쌓이면 하나님이 함께 하심을 믿고 행해야 하기 때문에 오히려 표적이 나타나지 않는다. 그래서 이스라엘의 역사는 '엘로힘' 과 '여호와' 적 역사의 반복이다.

5) 임마누엘 עמנו אל

'엘로힘' 적 역사로 하나님을 믿게 하시어 항상 하나님과 동행하여 '여호와' 적으로 살기를 원하셔도 가시적 결과만이 기준인 인간은 보이지 않는 하나님과 '여호와' 적으로 동행하는 삶을 산다는 것은 "내가 그들의 남편이 되었어도 그들이 내 언약을 파하였음이니라." (렘31:32)라고 하신 말씀과 같이 가능하지 않다. 이스라엘과 유다가 결국은 우상숭배로 멸망한 것이 그 객관적인 증거이다.

인간이 하나님과 항상 동행하며 하나님의 뜻대로 살 수 있는 유일한 길은 하나님이 인간의 몸 밖에 계신 '엘로힘' 적 하나님이나 '여호와' 적 하나님인 남편으로서는 불가능하며 "내가 나의 법을 그들의 속에 두며 그 마음에 기록하여 나는 그들의 하나님이 되고 그들은 내 백성이 될 것이라." (렘31:33)라고 하심 같이 인간의 심령 안에 하나님이 직접 들어오시는 '임마누엘' (사7:14)의 하나님이 아니면 안 된다. 이렇게 '임마누엘' 한 사람은 누구든지 "다시는 각기 이웃과 형제를 가리켜 이르기를 너는 '여호와'를 알라 하지 아니하리니 이는 작은 자로부터 큰 자까지 다 나를 앎이니라. 내가 그들의 죄악을 사하고 다시는 그 죄를 기억지 아니하리라."(렘31:34)라고 하심은 당연할 것이다.

a. 점진적(漸進的) 계시

성경이 일점일획도 오류가 없는 통일성을 견지하고 있는 하나님의 말씀이라는 뜻은 신구약성경 66권이 동일한 수준으로 기록됐다는 의미가 아니라 하나님과 하나님의 뜻을 여러 발전 단계로 점진적으로 계시하신 것이다. 그 대표적인 성경적인 분류가 '엘로힘'과 '여호와'와 '임마누엘'의 단계다. 그런데 "보라 날이 이르리니 내가 이스라엘 집과 유다 집에 새 언약을 세우리라."(렘31:31)라고 예레미야에게 약속하시면서 이어서 32절에 '이 언약은 내가 그들의 손을 잡고 애굽 땅에서 인도하여 내던 날에 세운 것'인 구약(출6:2-3)과는 같지 않은 새 언약이라는 것이다.

그 새 언약은 '내가 나의 법을 그들의 속에 두며 그 마음에 기록하는 '임마누엘'의 언약'(렘31:33)이라는 것이다. 따라서 하나님의 언약은 유대교의 믿음처럼 구약으로 완성된 것이 아니라 반드시 신약이 있어야만 한다. 그리고 그 신약은 회교의 코란이 아니라 '임마누엘'(마1:23)을 계시한 기독교의 신약 성경이어야 한다. 뿐만 아니라 신약성경의 내용도 반드시 삼위일체 하나님이 성령으로 인간의 심령 안에 내주하(롬8:9-10)시는 '임마누엘' (마1:23)의 복음이어야 하지 '피복음' 이어서는 안 된다.

b. 신앙의 단계

하나님의 궁극적 목적이 '임마누엘' 이라면 왜 전능하신 하나님께서는 처음부터 '임마누엘' 하시지 않고 '엘로힘' 과 '여호와' 적 단계의 과정이 필요한 것인가? 여기에 하나님의 어려움과 성경의 복잡함이 있다.

하나님을 남편으로 하나님의 백성을 아내(렘31:32)로 말씀하시는 것은 인격적으로 교제하기만을 원하시지 강제하지 않으시기 때문이다. 그래서 '엘로힘' 적 단계에서 '여호와' 적 단계로, '여호와' 적 단계에서 남편인 하나님과 결혼한 '임마누엘' 적 단계로 발전해야 하는 것이 성경적 신앙의 발전 단계인 것이다. 사실 '엘로힘' 적 역사인 표적체험을 자랑하는 것은 믿음이 없다고 자랑하는 것과 같다. 그래서 주님께서는 '임마누엘' 의 신약 시대에 '엘로힘' 적인 표적을 보여 달라는 유대인들을 '악하고 음란한 세대' (마16:1-4)라고 질타하시는 것이다.

'엘로힘' , '여호와' , '임마누엘' 의 신론적 정립을 성경적으로 올바로 하기만 해도 창세기와 출애굽기 이후 구약을 거쳐 신약의 '임마누엘'이 하나님의 목적이라는 것이 명확해진다. 그렇게만 되면 성경의 실체적이고 구체적인 하나님의 역사가 점점 더 확실해질 것이다. 그래야 내 신앙의 수준도 어느 단계인지를 확인할 수 있게 되어 다음 단계로 발전할 수 있게 된다.

c. 하나님의 호칭과 성경해석

하나님의 호칭을 바로 정립하는 것은 성경을 이해하는 데에 결정적 역할을 한다. 성경의 내용이 워낙 방대하기 때문에 인간이 성경과 하나님의 뜻을 올바로 쉽게 이해하고 정립하게 하기 위해서 하나님은 하나님의 호칭으로 정립하게 하신다. 그래서 하나님의 호칭만 명확히 정립하면 성경이 훨씬 간단명료해진다.

성경에 호칭이 '엘로힘'이면 객관적이며 심판주의 하나님으로 말씀하려는 의도라고 생각할 수 있다. 또 '여호와'라 하면 관계성을 말씀하시려는 것임을 파악할 수 있다. 이처럼 우리가 성경을 분별하고 해석하는 기준의 여러 가지 가운데 대단히 중요한 것이 하나님의 호칭인 것이다. 하나님의 호칭으로 계시하시는 의도만 바로 알아도 성경해석은 이미 절반은 한 셈인 것이다. 성경을 하나님의 원리대로만 정립하면 그 다음에는 어디를 보아도 똑같은 원리임을 발견할 수 있다. 이것은 곧 질서의 하나님이시기 때문이다. 신구약성경 66권은 초등학교부터 대학교까지를 단계적으로 계시하신 말씀이다.

• 창조의 설계

하나님의 삼위일체론적으로 '엘로힘', '여호와', '임마누엘' 을 생각해보면 삼위일체론 역시 성부와 성자와 성령의 세 분 하나님이 분리할 수 없는 하나의 상태로 존재하고 있음을 확인할 수 있다. 원래 성부 하나님의 속성은 '엘로힘' 이고 '여호와' 는 성자 하나님 그리고 '임마누엘' 은 성령 하나님의 속성이다. 그래서 '임마누엘' 은 반드시 성령(요14:16-17)으로만 이루어진다. 하나님이 삼위일체로 존재하는 궁극적 목적은 인간의 심령 속에 성령으로 '임마누엘' (롬 8:9-10)하시기 위함이다. 창세기 1장의 '6일 창조' 기사(記事)는 온 우주 만물의 창조를 계시하심과 동시에 '삼위일체 하나님이 육신의 인간 속에 임마누엘하심의 설계도' 인 것이다.

6) 천(天)과 지(地) את השמים ואת הארץ

우리말 성경에 천지(天地)로 번역된 단어는 '하늘(天)' שמים과 '땅(地)' ארץ이라는 별개의 두 개념이지 온 우주 만물을 뜻하는 합성어 '천지' 의 한 개념이 아니다. 이것을 하늘이라는 공간 개념과 땅(지구)의 두 단어로 볼 것인지, 아니면 하나의 합성어로 온 우주 만물의 대명사로 보느냐에 따라 1절은 물론 창세기 1장 전체의 해석이 완전히 달라진다.

a. 천지(天地)와 지천(地天)

성경에서는 대부분 '천지' 라는 단어가 온 우주 만물을 의미하는 합성어로 사용된 경우가 많다. 본문의 '천지' 도 전통적으로 온 우주 만물의 대명사로 해석해 왔다. 물론 문맥상으로 창세기 2장 1절이나 4절 등은 온 우주 만물의 합성어로 해석하는 것이 당연하다.

본문을 천과 지의 합성어 '천지' 로 해석하면 성경 전체에 많은 모순이 생긴다. 그 이유는 첫째 창세기 1장 1절은 시간을 창조하시고 그 다음에 하늘(天)과 땅(地)을 창조하신다. 즉 하늘의 '천' 과 땅의 '지' 가 온 우주 만물의 대명사라고 한다면 천지(天地)로 쓰든지 지천(地天)으로 쓰든지 아무 상관이 없다. 그러나 만약 이것이 온 우주 만물의 대명사가 아니고 공간인 하늘(天)을 창설하시고 그 다음에 땅(地)을 창설하셨다고 한다면, 순서를 지천(地天)으로 쓰면 안 된다. 지구가 있을 공간도 없는데 지구를 창조하셨다는 모순이 생기기 때문이다. 그래서 세상 끝에서 온 우주 만물을 없애실 때에는 하늘(天)과 땅(地)이 아니라 땅(地)과 하늘(天)(계20:11)의 순서이어야만 한다. 하늘을 먼저 폐하시면 공간이 없는데 지구가 있어야 하는 모순이 생기기 때문이다.

b. 제목설

1절의 천지를 온 우주 만물의 합성어로 해석하면 넷째 날의 천체(天

體)창조(창1:14-19)와 중복되는 모순이 생긴다. 뿐만 아니라 넷째 날의 천체 창조기사는 1절에서 지구가 창조된 것을 전제로 기록하고 있기 때문에 넷째 날의 천체창조기사에는 지구창조기사가 없는 것이다. 1절의 천지를 온 우주 만물의 대명사로 해석하는 자들은 넷째 날의 천체창조에 지구가 포함되었다고 해석해야 하기 때문에 이러한 모순을 해결하기 위해 창세기 1장 전체의 제목이라고 해석하는 것이다.

설령 넷째 날의 천체 창조에 지구를 포함하는 것으로 해석한다고 해도 셋째 날(창1:1-13)까지의 모든 창조는 1절에서 지구가 창조된 전제에서만 성립할 수 있게 기록되어 있다. 아직 땅도 없는데 식물이 창조(창1:11-12)됐다는 것은 전혀 성립될 수 없는 논리다. 1절의 천지는 하늘과 지구의 창조지 온 우주 만물의 창조기사거나 1절이 창세기 1장의 제목이 아니다. 천지를 온 우주 만물로 해석하거나 1절을 제목으로 해석하는 제목설자들은 결코 성경을 하나님의 말씀으로 믿는 것이 아니다.

C. 진화론적 해석

그럼에도 불구하고 1절의 천지를 온 우주 만물로 해석하는 중요한 이유 중 하나는 사람들이 진화론에 매우 익숙해져있기 때문이다. 지금 지구가 태양의 주위를 공전하고 있지 태양이 지구를 공전하고 있는 것이 아니다. 그래서 진화론적인 논리대로 태양이 먼저 있었고 지구가 태양에서 떨어져 나왔다는 것은 이해하기 쉽지만 먼저 창조된 지구가 나중에 창조된 태양의 주위를 공전하고 있다는 것은 납득하기가 어려운 것이 사실이다. 이런 진화론적 사고가 이미 확고하게 자리 잡고 있어서 사람들은 성경과 하나님의 전능성보다는 진화론을 더 신뢰하고 있다.

• 창조의 설계

지구가 태양을 공전하고 있는 것은 사실이지만 성경의 증거대로 하나님은 태양보다 지구를 먼저 창조하셨다. 태양이 지구를 위해 존재하도록 설계하셨지 지구가 태양을 위해 있는 것이 아니다. 이것이 지혜의 근본이신 하나님의 '7일 창조의 설계도' 이다.

d. 완전한 성경

창세기 1장 1절에 하나님은 제일 먼저 태초라는 시간을 창조하셨고 두 번째는 공간(하늘)을 창조하셨다. 그리고 세 번째는 물체(지구)를 창조하셨다. 이것은 대단히 놀라운 부분이다. 지금 이 세상의 모든 사람들이 추구하는 학문의 궁극적인 구성요소는 모두 공간과 시간과 물체의 관계성에 관한 문제이기 때문이다. 3,500년 전에 기록한 태초에, 하나님, 천, 지를 창조, 하셨다 라는 이 다섯 단어로 구성된 한 문장인 창세기 1장 1절이 인류 역사상 지금까지 추구하는 모든 학문의 본질의 근원을 전부 완벽하게 규정하고 있다. 그래서 성경은 하나님의 말씀이다.

2. 창세기 1장 2절

땅이 혼돈(混沌)하고 공허(空虛)하며 흑암(黑暗)이 깊음 위에 있고 하나님의 신(神)은 수면(水面)에 운행(運行)하시니라.

1) 땅 ארץ eretz, 에레쯔

2절은 하나님이 1절에서 창조하신 '땅'(地)의 상태가 어떠했었는지를 설명한 구절이기 때문에 2절의 첫단어는 1절에서 창조하신 '땅' (地)과 동일한 단어인 ארץ이다.

• 창조의 설계

전지전능하신 하나님이 아무런 목적이나 이유도 없이 맹목적으로 천지를 창조하셨다는 것은 누구라도 생각조차 할 수 없을 것이다. 분명한 목적도 없이 천지를 창조했다면 하나님은 없다는 말과 마찬가지다. 하나님의 목적을 모르면 하나님을 모르는 것이다. 하나님이 천지를 창조하신 데는 분명한 목적이 있어야 한다.

하나님의 천지 창조의 유일한 목적은 육신의 인간을 통해 영원한 하나님의 나라를 완성(계21-22장)하시기 위함이시다. 그래서 성경에는 '온 우주 만물은 하나님 자신을 위해 창조(골1:16)하셨다'고 증거하는 것이다. 이것을 계시하시기 위해 '7일 창조의 설계도'는 육신의 사람(창2:7)을 계시하시기 위한 지구(창1:1)를 천체(창1:14-16)보다 먼저 창조하신 것이다. 사람이 목적이시다.

2) 있다 היה haya, 하야

2절의 두 번째 단어는 '있다' היה이다. 존재한다는 의미의 영어 'be' 동사와 같은 단어다. 이는 하나님이 1절에서 창조하신 땅(地)이 혼돈하고 공허하고 흑암한 상태로 있다는 말씀이다. 하나님은 의도적으로 땅을 '혼돈하고 공허하고 흑암'이 깊음 위에 있도록 창조하셨다는 말씀인 것이다.

• 창조의 설계

하나님이 의도적으로 '땅'을 혼돈하고 공허하고 흑암이 깊음 위에 있는 상태로 창조하신 것은 인간의 심령 상태를 가시적으로 나타나게 설계하셨기 때문이다.

3) 혼돈(混沌) תהו tohu, 토후

2절의 세 번째 단어는 '혼돈' תהו 이다. 이 단어는 필요성을 '갈망하다' 와 '헷갈리다, 착각하다' 의 두 의미가 합성된 '신기루' 와 흡사한 의미로 사용된다. 육적이나 영적인 심한 갈증의 해결을 실제로는 해결할 수 없는 헛것을 해결할 수 있는 것으로 착각(삼상 12:21)한다는 의미다.

• 창조의 설계

삼위일체 하나님은 전능하시지만 성령 하나님이 인간의 심령 안에 강제로 침입하여 '임마누엘'하실 수 없다. 신부인 인간이 신랑이신 성령 하나님을 결혼의 관계처럼 인격적으로 영접(요1:12)해야만 가능하다. 그래서 초월자이신 하나님은 '엘로힘적 역사'로 존재성을 믿게 하시고, '여호와적 역사' 로 인격적 교제를 하시어 신부인 인간이 영접하여 '임마누엘' 해야 하기 때문에, 인간의 심령 상태를 영적으로 갈급한 '혼돈' 으로 설계하신 것이다. 그래서 하나님의 형상(창1:27)대로 창조하신 인간은 누구나 하나님과 같이 되려는 강력한 영적 본능(창3:5)이 있게 설계하셨다는 말씀이다.

4) 공허(空虛) בהו bohu, 보후

네 번째 단어는 '공허' בהו다. 이 단어는 '공허' 라는 말 그대로 아무것도 없이 텅 비어 있다(렘4:23)는 말이다. 이는 마치 1절에 하늘(天)을 창조하시고 아직 땅(地)은 창조하시지 않아서 광활한 우주 공간에 아무것도 없이 비어 있는 상태와 같다.

• 창조의 설계

삼위일체 하나님이 인간의 심령 속에 '임마누엘' 하시려면, 인간 심령 속에 하나님이 들어가실 수 있는 공간이 있어야 가능하다. 그래서 우주보다도 크신 하나님(왕상8:27-30)이 들어가실 수 있는 영적 공간이 있는 심령으로 설계하셨다. 그것이 '공허' 다. 영적으로는 인간의 '공허' 의 심령은 우주보다도 크다.

5) 흑암(黑暗) חֹשֶׁךְ hoshekh, 호쉐크

다음은 '흑암' חֹשֶׁךְ이다. 빛이 없는 어두움이다. 1절에서 하늘과 땅을 창조하셨지만 아직 빛을 창조하시기 전이다.

하나님이 1절의 창조 전의 전무하다는 것은 시간, 공간, 물체, 빛만 없었던 것이 아니다. 어두움도 없어야 전무한 것이다. 창세기 1

장에는 세상 만물의 창조 사실은 구체적으로 다 기록하면서도 흑암 창조의 기록이 없이 흑암은 마치 창조 전부터 있어 왔던 것처럼 어둡다고만 기술한다. 그러나 흑암도 하나님에 의해 피조되지 않았다면 성경은 완전할 수 없다. 어두움도 하나님이 창조(사45:7)하셨다.

• 창조의 설계

하나님은 빛(요일1:5)이시고, 어두움은 빛의 반대다. 따라서 어두움보다는 빛이 먼저 있어야 한다. 그런데 하나님은 3절에서 빛을 창조하시기 전에 먼저 2절에 어두움이 있었다. 빛이신 하나님(요일1:5)은 선재(先在)하신다. 그럼에도 빛보다 어두움을 먼저 창조하신 것으로 기술한다. 그래서 땅이 혼돈하고 공허하고 흑암이 깊음 위에 있게 된 것이다. 이렇게 하나님의 속성에 모순 되게 창조하신 곳에 더 깊은 하나님의 뜻이 있다.

6) 깊음 תהום tehom, 테홈

깊음 תהום 은 '깊다' 와 '많다' 의 의미가 합해진 단어다. 혼돈과 공허와 흑암이 깊고 짙다는 말이다.

• 창조의 설계

인간이 혼돈하고 공허하고 흑암의 심령상태가 깊고 크다는 말씀이다. 하나님이 해결해주지 않으시면 인간의 자력으로는 해결이 불가능한 심령상태다. 그래서 "오호라 나는 곤고한 사람이로다 이 사망의 몸에서 누가 나를 건져 내랴." (롬7:24)라고 바울도 탄식한 것이다.

7) 하나님의 신 רוח אלהים ruah elohim, 루아흐 엘로힘

하나님의 신(神) רוח은 공기, 바람, 호흡, 생기, 생명, 성령 등을 뜻하는 단어다. 따라서 본문의 하나님의 신은 하나님의 성령이다.

• 창조의 설계

전지전능한 유일신 하나님은 "모든 사람이 구원을 받으며 진리를 아는데 이르기를 원하신다." (딤전2:4) 그렇다면 유일신 하나님은 인간이 이해하기 쉽게 단일체로 존재하셔야 마땅하다. 그런데 하나님은 삼위일체(롬8:9-10)의 형태로 존재하신다.

그 신비한 하나님의 의도를 인간이 다 알 수는 없지만, 성경이 증거하는 바의 자명한 부분은 진리의 근본이신 성부 하나님은 유사이래 항상 천국 보좌에만 계시(계4:2)지 한번도 천국을 떠나신 적이 없으시다는 점이다. 그래서 주님께서도 성부 하나님을 호칭하실 때에는 ‘하늘에 계신 내 아버지’ (마16:17)라고 하시고, 주기도문에서도 땅에 오셔서 역사하시는 하나님께가 아니라 ‘하늘에 계신 너희 아버지’ (마6:9)께 하라고 하시는 것이다.

성부 하나님이 천국에만 계시려면 천지창조 등 이 땅에 직접 오셔서 역사하시는 하나님이 있으셔야만 한다. 세상에 오셔서 하나님의 일을 직접 행하시는 하나님이 ‘성령 하나님’이시다. 주님도 ‘성령’으로 잉태(마1:18)되신 것이고, 주님도 ‘성령’ (마12:28)으로 귀신을 쫓아내신 것이다. 이렇게 땅에서 하나님이 하시는 모든 역사는 항상 ‘성령 하나님’ 이 하시기 때문에, 누구도 성령으로 나지 않고는 천국에 들어 갈 수 없(요3:5)다. 그래서 ‘하나님의 신이 수면에 운행하신다’ 라는 말씀도 창세기 1장 모든 창조의 실제적인 역사도 전부 ‘성령 하나님’이 하신다는 말씀이다.

8) 물(수면) מַיִם maim, 마임

공기와 물의 창조는 1절에서 지구를 창조하신 것에 다 포함된다. 하나님의 신이 수면에 운행하셨다는 것은 지구가 온통 물로 가득하다는 말씀이다. 그렇게 지구에 물이 많게 창조하셨다.

• 창조의 설계

하나님의 ‘7일 창조의 설계도’ 는 물이 없으면 생명체는 존재할 수 없도록 설계하셨다.

지구에 물이 이렇게 많은 것에 관해서는 진화론적인 지구의 생성 논리로는 합리적인 설명이 불가능하다. 진화론적인 지구 생성의 논리로는 지구에는 물이 전혀 있을 수 없다. 그래서 진화론자들은 과학적 논리로는 지구의 물에 대한 설명이 불가능하기 때문에, 태양계의 다른 행성들과 달에 물이 있다는 증거를 애타게 찾고 있다. 간접적으로라도 증거하고 싶은 것이다. 그러나 아직 지구 외에서는 어디도 물이 있다는 증거를 찾지 못했다.

진화론적 논리로는 지구는 약 50억 년 전에 태양으로부터 떨어져 나온 섭씨 6천만도의 불덩어리가 차츰 식어서 현재와 같은 상태가 됐다. 6천만도의 불덩어리의 지구가 섭씨 100도만 되어도 증발하는 물을 증발하지 않도록 품고 태양에서 1억5천만 km를 비행하여 지구에 와서 식었어야 한다.

그렇다면 태양에서 지구가 떨어져 나온 것처럼 지구에서 떨어져 나갔다는 달에는 왜 물이 없는가. 이에 관한 진화론적 설명은 고체인 달이 원심력에 의해 지구에서 떨어져 나갈 때에 공기와 물은 달보다 큰 지구의 인력에 잡혀 있었기 때문이라고 설명한다. 그렇다면 달 대비 지구의 인력보다 지구 대비 태양의 인력이 몇 십 만 배 더 큰데 어떻게 지구는 물을 품고 태양에서 떨어져 나올 수 있었는가. 지구가 태양에게 빼앗기고도 남은 물을 품고 비행하여 가져온

물이 이 정도라면 태양은 거의 대부분이 물이어야만 한다.

태양에서 떨어져 나온 불덩어리에서 발산한 가스가 공기가 됐고, 이런 공기 중의 수소와 산소의 화학적 결합에 의해 물이 생성됐다고도 한다. 그렇다면 지구 이외의 다른 태양계의 행성들과 달에도 식는 과정에서 발산한 공기와 그로 인한 물이 지구와 같이 있어야 한다. 이런 과정에 의해 공기와 물이 지구에 생성됐다면 달에도 공기와 물이 있어야만 한다. 지구와 달 사이에는 무중력의 공간이 있기 때문에 지구의 인력으로 달의 공기와 물이 없어졌다는 논리는 성립하지 않는 것이다.

하나님이 물을 창조하신 것이 아니고서는 지구의 물을 합리적으로 설명할 방법은 전혀 없다.

9) 운행(運行)하다 רחף rahaph, 라하프

마지막으로 '운행하다' רחף이다. 이 רחף를 '운행하다'로 번역하여 마치 하나님의 신이 바람처럼 수면 위를 스쳐지나가는 것처럼 이해하기 쉽다. 그러나 이 단어는 이런 의미가 아니다. 본문 외에 성경에 이 단어가 쓰인 것은 "마치 독수리가 그 보금자리를 어지럽게 하며 그 새끼 위에 너풀거리며 그 날개를 펴서 새끼를 받으며 그 날개 위에 그것을 업는 것 같이"(신32:11)에서 '너풀거리다' רחף뿐이다. 독수리가 새끼를 훈련시킬 때 높은 둥지에서 떨어뜨려 혼자 날게 하다가 힘이 빠져 더 이상 날지 못하고 추락하게 되면 어미가 쏜살 같이 내려가 새끼를 날개 위에 받는 장면이다. 그래서 이 단어는 어미 닭이 병아리를 날개 안에 '품고 있다' (brooding)와 엘로힘적인 개념이 함께 담고 있는 '엘로힘적 브루딩' 의 의미다.

하나님의 신이 혼돈하고 공허하고 흑암이 깊음 위에 있는 지구를 귀하게 여기시어서 깊은 애정과 관심을 갖고 '브루딩' 하고 계신다는 것이 쉽게 납득되지 않을 것이다. 그래서 '브루딩' 으로 번역하지 못하고 물리적 행위만을 의미하는 '운행하다' 로 번역한 것이다.

• 창조의 설계

하나님의 '7일 창조의 설계' 는 천국 완성을 위한 인간의 설계에 그 초점이 맞춰져 있다. 물론 '하나님이 세상을 이처럼 지극히 사랑' (요3:16)하신다는 말씀도 세상에 있는 사람의 심령이지, 육신이나 세상이 아니다. 그래서 사람을 흙(창2:7)으로 지으셨을 뿐 아니라 본 절에서 땅이 혼돈하고 공허하며 흑암이 깊음 위에 있게 창조하신 것도 사람의 심령을 가시적으로 계시하도록 창조하셨기 때문이다.

그래서 땅이 혼돈하고 공허하며 흑암이 깊음 위에 있음에도 불구하고 '세상을 이처럼 사랑' 하시어 하나님의 신이 깊은 애정과 관심을 갖고 육신의 인간(창1:2)을 '브루딩' 하고 계신 것이다.

10) 간격설(間隔設) gap theory

하나님의 '7일 창조의 설계도'가 보이지 않고는 본 절을 성경적으로 올바로 해석한다는 것은 불가능하다. 본 절 해석에 따라 창세기 1장은 물론 성경 전체의 해석이 달라진다.

1절의 '하늘'과 '땅'을 온 우주 만물의 합성어 '천지'로 해석하게 되는 가장 근본적인 이유는 본 절의 해석 문제 때문이다. 본 절은 성경 전체에서 가장 난해한 구절 중 하나다. 대부분의 주석들은 전지전능하시며 절대선 절대의이고 완전하신 질서(계1:8)이고, 생명(요14:6)이며, 빛(요일1:5)이신 하나님께서 창조하신 땅이, 하나님의 속성과는 정 반대로 혼돈(混沌)하고, 공허(空虛)하며, 흑암(黑暗)이 깊음 위에 있게 창조하셨다는 것을 그대로 받아들이지 못하는 것이다.

본래 하나님이 온 우주 만물(창1:1)을 하나님의 보시기에 좋게 창조하셨다는 것이다. 이렇게 좋게 창조하신 세계 중 지구의 관리를 천사에게 맡기셨다는 것이다. 그런데 하나님께로부터 지구를 위임받아 관리하던 천사들이 하나님을 대적해서 타락하게 됐고, 이렇게 타락한 마귀를 하나님이 심판하실 때 지구에 큰 폭발과 파괴의 거대한 변혁이 일어나 땅이 혼돈하고 공허하며 흑암이 깊음 위에 있게 됐다는 것이다. 1절과 2절 사이에 상당한 시간적 간격(gap)이 있다는 것이다. 이것을 신학적으로 '간격설' 또는 '갭이론' (gap theory)이라고 한다. 그래서 '갭이론적' 창세기 1장 전체의 천지 창조는 옛 창조(창1:1)되었다가 파괴된 온 우주 만물(창1:1-2)을 다시 새롭게 개조하는 것이지 창조가 아니라는 것이다. 신학적으로 '갭이론' 을 '중조론(重造論)' 이라고도 한다.

• 창조의 설계

하나님의 '7일 창조의 설계도' 를 성경적으로 보지 못하고 있는 2천년의 세계의 모든 기독교가 이러한 '갭이론' 을 건전한 성경적인 보수정통신학으로 인정하고 있다.

a. 본문에 없다

성경 해석에 있어서 가장 중요한 첫 번째 절대 기준은 본문에 있느냐 없느냐이다. 이해가 되지 않는다고 해서 성경 본문에도 없는 말을 마음대로 첨가하거나 혹은 어떤 부분을 삭제하고 해석한다면, 그것은 자기주장 일뿐 결코 하나님의 말씀인 성경을 해석한 것일 수 없다. 만일 1절과 2절 사이에 간격이 있었다면 반드시 이에 관한 직접적인 표현이 본문에 있거나, 아니면 최소한 간접적인 암시라도 있어야 한다. 그런데 1절과 2절 사이에 간격이 있다는 말은 본문에 전혀 없다.

"여호와의 말씀에 내 생각은 너희 생각과 다르며 내 길은 너희 길과 달라서 하늘이 땅보다 높음 같이 내 길은 너희 길보다 높으며 내 생각은 너희 생각보다 높으니라."(사55:8-9)라는 말씀과 같이 하나님과 인간의 생각은 천지 차이다. 이런 하나님의 창조의 설계도를 사람이 읽을 수 있는 제일 첫 번째 조건은 성경을 가감 없이 있는 대로, 어린 아이(마11:25)와 같이 봐야만 가능하다. 본문에 없는 것을 자신이 이해가 되도록 가감하여 마음대로 해석하면 지옥형벌을 면치 못한다(계22:18-19)는 성경의 경고를 두려워해야 한다. 본문에 없는 말씀을 첨가하거나 삭제하여 해석하는 것은 성경을 하나님의 말씀으로 해석하는 것이 절대로 아니다.

b. 접속사 +땅 הארץ

땅으로 번역한 히브리어 הארץ는 영어 'and' 나 'but'나 'so' 등과 같은 접속사 '웨' ו와 정관사 'the' 의 의미인 '하' ה그리고 땅 ארץ의 셋이 합성된 단어다. 히브리어 문법상 2절이 ו로 시작하는 것은 1절과 2절 사이에 전혀 간격이 없다는 말이다. 그래서 창세기 1장 전체는 1장 1절을 제외하고는 매 절마다 30번을 예외 없이 전부 ו로 시작한다. 창세기 1장 전체는 시간적인 간격이 없이 계속됐다는 말씀이다. 히브리어 원문상으로는 2절은 절대로 '갭이론적' 으로 해석할 수 없다.

c. 아담 전 사람

만약 2절의 상태가 하나님이 마귀를 심판하기 위해 옛 창조된 지구가 파괴된 것이라면 옛 창조된 지구에는 반드시 인간이 존재했어야 한다. 마귀가 미혹하는 것은 자유 의지를 갖고 있는 사람뿐이다. 마귀가 의지가 전혀 없는 물질인 땅을 미혹했다는 것은 신학적으로는 전혀 성립되지 않는다. 따라서 '갭이론' 이 성립하려면 옛 창조된 지구에 반드시 사람이 살고 있었어야만 가능하다.

'갭이론' 으로는 아담 전에 사람이 있어야 한다. 그러나 성경은 구약(창2:7)뿐 아니라 신약에서도 최초의 사람은 아담(고전15:45)이라고 증거하고 있다. 즉 아담 전에 사람이 있었다고 말씀하지 않는다. '갭이론' 은 절대로 성경적으로 성립할 수 없다. 그러므로 간격설자는 이단이다.

d. 1일=24시간

하나님이 안식일 계명을 주시는 이유가 "엿새 동안에 나 여호와가 하늘과 땅과 바다와 그 가운데 모든 것을 만들고 제7일에 쉬었음이니라." (출20:11)라는 것이다. 하나님의 6일 창조가 창세기 1장 1절에서 31절까지라는 점을 확실히 하시기 위해서 의도적으로, 하늘과 땅이 온 우주 만물의 천지(창2:7)의 '핫샤마임 웨하아렛츠' השמים והארץ 가 아니라, 정확하게 창세기 1장 1절 그대로 각각에 불변사 '엣트' את 를 붙여서 하늘(天)을 '엣트 핫샤마임' את השמים 으로 땅(地)을 '엣트 하아렛츠' את הארץ 로 기록하고 있다.

창세기 1장 1절과 2절 사이에는 시간적으로 갭이 있을 수 없다. 만일 '갭이론'이 성경적이라면 1일은 24시간이 아니라 1천만년도 될 수 있다. 6일 창조하시고 하루 쉬셨다는 말씀을 6천만년 창조하시고 천만년 쉬셨으니까 6천만년 일하고 천만년을 쉬어야 한다고 할 수는 없다. 절대로 '갭이론' 은 성경적일 수 없다.

e. 제목설

하나님의 '7일 창조의 설계도' 가 보이지 않는 사람의 창세기 1장 2절의 해석은 전부 '간격설' 이다. 그런데 '간격설' 을 주장하면 아담 전에 사람이 있었다고 할 수밖에 없으므로, 이는 당연히 성경 전체에 모순 된 이단이다. 그래서 '간격설적' 성경관을 갖고 있으면서 이단 시비를 피하기 위한 간교한 논리가 창세기 1장 1절이 창세기 1장 전체의 제목이라는 것이다. '간격설자' 라는 비난도 피하면서 진화론적으로도 설명이 가능하도록 2절을 해석하려는 것이 '제목설' 이다.

• 난해 구절

분명히 2절은 하나님의 속성에 모순 된다. 하나님의 속성과 일치하는 말씀은 해석하기 쉽지만 이렇게 모순 되는 구절의 말씀의 해석은 어려울 수밖에 없다. 그러나 성경 해석에 있어서는 이런 난해 구절의 해석이 더 중요하다. 성경에 이런 난해 구절을 두시는 것은 하나님의 더 깊은 뜻을 담고 있기 때문에 더 깊이 생각하라는 의도이신 것이다. 그래서 1절에서의 천지 창조 상태를 하나님의 일반적 속성에 모순 되게 '땅이 혼돈하고 공허하며 흑암이 깊음 위에 있도록' 창조하신 것이 오히려 '7일 창조의 설계도' 의 핵심이다.

3. 창세기 1장 3절

하나님이 가라사대 빛이 있으라 하시매 빛이 있었고

1) 가라사대 אמר amar, 아마르

3절의 첫 번째 단어인 '가라사대' אמר는 밝히다, 나타내다, 말하다로 헬라어 '로고스' (λογος)와 같은 의미다.

• 창조의 설계

기독교는 계시의 종교이며 말씀의 종교이다. 성경이 없으면 기독교는 없다. 성경이 없으면 창조도, 동정녀 잉태도, 십자가와 부활도 없다. 기독교의 모든 요소의 유일무이한 절대 기준은 '오직 성경' 이다. 이러한 기독교에서 '말씀' 이 갖고 있는 의미는 아주 특별하다. 물론 일반적인 의미로서의 '말씀' 을 내포하지만, 이와는 전혀 차원을 달리하는 것이 기독교의 '말씀' 이다.

"하나님이 가라사대 빛이 있으라 하시매 빛이 있었다."는 말씀과 같이 하나님이 온 우주 만물을 말씀으로 창조하셨다는 것은 '말씀' 이 하나님의 음성이라기보다는 하나님의 '의지' 라고 해석해야 옳을 것이다. 하나님의 '말씀' 은 소리는 물론, 표정과 행동 그리고 사건도 포함되는 하나님의 뜻, 의지, 생각을 나타내는 모든 것을 대표하는 것으로 해석해야 한다. 따라서 우주 만물을 창조하실 때 '말씀', '가라사대' 로 하셨다는 것은 어떤 과정이 필요한 게 아니라 하나님의 '의지' 로 인한 결정, 그 순간 그것은 존재하게 된다는 뜻이다. 하나님이 전지전능하다는 것은 '의지' (意志)하시는 순간 존재한다는 것을 의미한다. 그것을 인간의 언어로 표현했기 때문에 '말씀' 이라고 썼고 그것이 소리로 잘못 이해되고 있는 것이다. '말씀' 은 소리만이 아니라 하나님의 '의지' 이다.

하나님의 '말씀' 은 삼위일체 하나님이다. 그래서 "태초에 말씀이 계시니라, 이 말씀이 하나님과 함께 계셨으니 이 말씀은 곧 하나님이시니라."(요1:1)라고 하고 또 "태초부터 있는 생명의 말씀에 관하여는 우리가 들은 바요 눈으로 본 바요 주목하고 우리 손으로 만진 바라"(요일1:1)라고 말씀하신다.

하나님의 '말씀' 자체가 곧 삼위일체 하나님이며, 하나님이 '말씀'으로 창조하셨을 뿐 아니라 '말씀'이 창조하신 것이다.

2) 빛 אוֹר or, 오르

'하나님이 가라사대 빛이 있으라 하시매 빛이 있었고'에서의 빛은 어떤 빛일까? 첫째 날에 창조하신 '빛'은(이하 빛A) 지금 우리가 보고 있는 해와 달과 별의 빛이 아니다. 지금 있는 빛은 넷째 날에 창조하신 빛(이하 빛B)이지 첫째 날에 창조하신 '빛A'가 아니다. 그래서 일반적으로는 '빛A'를 지금 비취고 있는 '물리적 빛'이 아닌 '영적 빛'으로 해석하고 있다. 물론 이 '빛A'에 관해서 본문에는 더 이상의 설명이 없기 때문에 이것이 정확히 어떤 빛인지 단정하기는 어렵다.

그러나 '빛A'의 성질은 지금 비취고 있는 '빛B'의 성질과 완전히 동일하지 않으면 안 된다. 만일 '빛A'가 지금 비취고 있는 '빛B'와 같지 않다면, 빛이 없이는 생명체가 존재할 수 없으므로 '빛B'가 있기 전에 창조하신 식물은 존재할 수 없다. 그러므로 첫째 날의 '빛A'와 지금 비취고 있는 넷째 날의 '빛B'는 완전히 동질의 빛이다.

• 간격설의 모순

'갭이론'을 주장하는 자들도 하나님이 본 절에서 창조하신 빛이 최초의 빛이라는 데는 이의가 없는 것 같다. ‘갭이론’ 대로라면 옛 창조된 지구에도 이미 빛이 비춰고 있었어야 한다. 그리고 지구를 비취고 있던 광원(光源)은 당연히 지구 밖에 있어야 한다. 타락한 마귀 때문에 옛 창조된 지구를 심판하여 파괴된 것이라면 지구 밖의 광원은 그대로 남아 있어야 한다. 그러므로 ‘갭이론’ 이 성경적이라면 2절의 상태가 흑암일 수 없으며 3절에서 빛을 창조해서도 안 된다.

3) 광원(光源)

광원이 없이 빛은 비출 수 없다. ‘빛A’ 의 광원에 관해서 본문에 기록이 전혀 없다. 그래서 ‘빛A’ 를 영적 빛으로 해석하는 것이 일반적이다. 물론 이 ‘빛A’ 의 광원에 관하여는 성경에 직접 기록하고 있지 않기 때문에 누구도 그 정체성을 단정할 수 없다.

그러나 성경은 “하나님은 빛이시라.” (요일1:5)라고 말씀한다. 중요한 사실은 하나님이 빛과 같다고 하는 게 아니라 ‘하나님=빛’ 이라고 단언하고 있다는 점이다. 물론 ‘하나님은 빛이시라’ 라는 ‘빛’ 을 물리적인 ‘빛’ 으로 쉽게 단정할 수는 없다. 하지만 “등불과 햇빛이 쓸데없으니 이는 주 하나님이 저희에게 비취심이라” (계22:5)에서 하나님이 비취신 ‘빛’ 은 ‘등불과 햇빛’ 을 대신한 ‘빛’ 이므로 하나님이 직접 비취신 ‘빛’ 이 물리적인 ‘빛’ 이라고 할 수 있다.

영이신 하나님은 물론 물리적인 광원일 수는 없지만, 하나님의 전능성은 물리적인 빛의 광원으로서 빛을 비춰셨다는 점에는 별 모순이 없다. 그러므로 '빛A' 의 광원은 하나님일 것으로 보아도 좋을 것이다.

• 창조의 설계

성경은 "하나님은 빛이시라" (요일1:5)라고 말씀하심과 같이 하나님을 계시하도록 빛을 설계하셨다. 성경이 증거하는 바로는 특히 성부 하나님은 등불과 햇빛을 대치하는 '광원' (계22:5)으로 그리고 성령 하나님을 '비춰시는 빛' 으로 설계하셨다. 그래서 세상에서 오셔서 하나님의 일을 하시는 분은 언제나 빛(요1:5-9)이신 성령 하나님이시다.

4) 임시 빛

'빛A' 와 '빛B' 가 동질의 빛이고, '빛B' 가 온 우주 만물이 존재하는 동안 영원히(계22:11) 있는 빛이라면, '빛A' 는 '빛B' 를 창조하시기 전까지만 있는 임시적인 '빛' 일 것이다. 물론 하나님은 전능하시기 때문에 첫째 날의 '빛A' 가 필요 없도록 넷째 날의 '빛B' 를 첫째 날에 창조하실 수 있으시다. 그럼에도 불구하고 왜 하나님께서는 6일 창조를 이렇게 간단명료하게 하시지 않고 먼저 '빛A' 를 창조하셨다가 다시 '빛B' 로 대치해야 하는, 복잡한 설계를 하셨는가가 '7일 창조의 설계도' 의 핵심일 수밖에 없다.

5) 광원(光源)의 위치(位置)

'빛A' 의 광원이 하나님이시라면, 하나님은 우주를 초월하여 천국에 계시지 세상에 계신 분이 아니므로 '빛A' 의 광원은 우주 밖에 있으면서 필요한 동안만 비췄을 것이다. 그러나 '빛B'의 광원은 모든 천체(계20:11)가 없어지기까지 항상 우주 안에 있어야만 한다.

• 창조의 설계

빛은 하나님을 계시하도록 설계(요일1:5)하셨다. 성경의 증거로는 하나님은 언제나 동일한 방법으로 역사하시는 것이 아니다. 인간에 대해 객관적인 '엘로힘 하나님' 으로 존재하시면서 일시적으로 역사하시다가, 인격적 관계인 '여호와적 하나님' 으로 교제하시다가 궁극적으로는 '임마누엘 하나님' 으로 인간의 육신 안에 내주하시는 것이다.

광원이 우주 밖에 있으면서 넷째 날의 '빛B' 를 창조하실 때까지 임시로 비취는 '빛A' 는 '엘로힘 하나님' 과 하나님의 '엘로힘적 역사' 를 계시하도록 설계하신 것이다.

4. 창세기 1장 4절

그 빛이 하나님의 보시기에 좋았더라. 하나님이 빛과 어두움을 나누사

1) 보다 ראה raah, 라아

4절의 첫 단어는 '보다' ראה이다. '하나님의 보시기에 좋았더라' 는 신본적인 하나님의 기준으로 평가하신 것이지 인본적인 사람의 기준이 아니다.

• 창조의 설계

하나님과 인간의 차이는 시각의 문제다. 인간은 가시적 결과만이 기준(창3:7)일 수밖에 없지만 하나님은 "나의 보는 것은 사람과 같지 아니하니 사람은 외모를 보거니와 나 여호와는 중심을 보느니라." (삼상16:7)과 같이 중심이 기준이다. 그래서 하나님의 인간을 평가하시는 기준의 첫째는 하나님의 보시기에 정직(마7:15-27)과 외식(마23:1-39)의 문제이지 육적인 외식이나 도덕적 선과 악이나 또는 의와 죄가 아니다.

2) 그 빛 את־האור et-ha-or, 엣-하-오르

두 번째 단어는 '그 빛' את־האור이다. 정관사 '하' ה־와 '빛' אור에 불변사 את가 붙어 있는 단어다. '그 빛만 좋다'의 강조법이다.

• 간격설의 모순

첫째 날 하나님은 천지와 빛만 창조하셨다. 그리고 '그 빛' את־האור만 좋게 창조하셨다. 천지창조는 하나님이 의도적으로 '하나님의 보시기에 좋았더라'로 창조하신 것이 아니라는 강조법이 '그 빛이 하나님의 보시기에 좋았더라'이다. 간격설이 성경적이려면 1절 끝에도 하나님의 보시기에 좋았더라가 있어야 하고, 빛의 평가에도 불변사 את가 없는 그냥 '빛'이어야 한다.

3) 좋다 טוב tob, 토브

'하나님의 보시기에 좋았더라'라는 말씀은 창세기 1장에서만도 무려 일곱 번이나 기록할 만큼 대단히 중요하다. 하나님은 전지전능하시고 절대선이며 절대의이시기 때문에 무엇을 하시든지 하나님은 최선(最善)으로만 하시지 차선(次善)으로는 하실 수 없다.

• 간격설의 모순

창세기 1장에서의 하나님은 창조하신 후에 스스로 각각을 평가하신다. 셋째날에 창조하신 결과에 대한 평가도 10절과 12절에 두 번 별도로 '하나님의 보시기에 좋았더라' 라고 각각 평가하신 것이다. 그런데 1절을 창조하시고는 '하나님의 보시기에 좋았더라' 고 하시지 않는다. 만일 간격설자들의 주장처럼 옛 창조시 천지를 하나님의 보시기에 좋게 창조하셨다면 반드시 1절 다음에 '하나님의 보시기에 좋았더라' 가 있어야 한다.

간격설자들은 하나님은 전능하시고 절대선 절대의이시기 때문에 좋지 못하게는 창조하실 수 없다는 논리로 1절을 해석한 것이다. 그러나 하나님은 전능하시어 남자와 여자를 동시에 창조하실 수 있으심에도 불구하고 먼저 남자만 독처(獨處)하도록 창조하(창2:7)시고는 스스로 "사람이 독처하는 것이 좋지 못하니"(창2:18)라고 평가하신다. 하나님은 얼마든지 좋지 못하게도 창조하시지 좋게만 창조하신 것이 아니다.

• 창조의 설계

'하나님의 보시기에 좋았더라' 가 없는 창조가 전능하신 하나님이 온 우주 만물을 한 순간에 다 창조하시지 않으신 '7일 창조의 설계도' 의 핵심이다.

성경관에 있어서 중요한 근본 요소 중 하나가 '하나님의 보시기에 좋은' 신본적 시각에서 보느냐 아니면 '사람의 보기에 좋은' 인본적 시각으로 보느냐의 문제다. 하나님께서 그냥 '보기에 좋았더라' 고 하시지 않고 굳이 '하나님의 보시기에 좋았더라' 라는 것은 하나님의 말씀인 성경은 반드시 신본적 시각에서만 보아야 한다는 것을 강조한 것이다. "여호와의 말씀에 내 생각은 너희 생각과 다르며 내 길은 너희 길과 달라서 하늘이 땅보다 높음 같이 내 길은 너희 길보다 높으며 내 생각은 너희 생각보다 높으니라."(사55:8-9)와 같이 이 둘의 차이는 그야말로 천지차이다.

유신 종교에 있어 종교와 신앙의 차이를 구별하지 못하고서는 결코 성경적인 신앙행위는 가능하지 않다. 사람은 인본적일 수밖에 없다. 그러나 "이제 내가 사람들에게 좋게 하랴, 하나님께 좋게 하랴, 사람들에게 기쁨을 구하랴. 내가 사람의 기쁨을 구하는 것이었더면 그리스도의 종이 아니니라."(갈1:10)라는 말씀처럼, 성경적 신앙은 하나님의 보시기에 좋은 신본적 신앙이어야 하지 사람 보기에 좋은 인본적인 종교이어서는 안 된다.

4) 나누다 בדל badal, 바달

'나누다' בדל는 창세기 1장에만도 다섯 번이나 기록되어 있다.

• **창조의 설계**

성경을 이해하는 가장 중요한 원리 중 하나가 이 '나누다'이다. 하나님은 아무 때나 역사하시지 않는다. 반드시 먼저 나누신 후에야 역사하신다. 하나님은 이스라엘이 애굽에 있을 때 계명을 주신 것이 아니라 먼저 애굽에서 나와 홍해로 나누신 후에야 계명을 주셨다. 다시는 섞여서는 안 되고, 섞일 수도 없는 것이다. 그래서 이 '나누다' 라는 헬라어 '하기오스' (ἅγιος)에는 '구별하다', '거룩하다' 라는 뜻을 갖고 있다.

5)빛과 어두움

빛과 어두움을 나눈다는 것은 하나님은 빛과 어두움의 속성을 절대로 서로 섞일 수 없도록 설계하셨다는 의미다. 빛과 어두움은 공존할 수 없다. 빛을 없애면 어둡다. 어두움을 없애면 밝은가? 어두움은 아무리 없애도 어둡다. 어두움을 없앨 수 있는 유일한 길은 빛이 와야만 한다.

• **창조의 설계**

인간은 아무리 어두움인 악을 제(除)해 버리기 위해 결단하고 회개나 선(禪), 수련이나 고행 등의 노력을 해도 어두운 악의 상태지 결코 악은 제해지지 않는다. 악을 제할 수 있는 종교적 최선의 방법은 "선을 행치 아니하면 죄가 문에 엎드리느니라."(창4:7)라고 하심같이 적극적으로 빛인 선을 행해야 하는 것뿐이다.

그러나 아담의 후손은 태생적으로 "죄의 소원은 네게 있으나"(창4:7)라고 말씀하심 같이 죄성을 갖고 태어났기 때문에, 종교적 방법으로 선해지려는 것은 악인 어두움이 발버둥치는 것일 뿐 어두움이 빛으로 바뀔 수는 없다. 어두움인 악을 제할 수 있는 유일한 진리의 길은 빛이신 삼위일체 하나님이 성령으로 흑암인 인간의 심령에 직접 '임마누엘'(롬8:1-2)하셔야만 한다. 그래서 하나님인 빛이 있느냐 없느냐의 문제이지 의와 죄의 문제가 아니다. 하나님이 함께 하시느냐의 제1 계명만의 문제이지, 나머지 아홉 계명의 문제가 아니다.

5. 창세기 1장 5절

빛을 낮이라 칭하시고 어두움을 밤이라 칭하시니라. 저녁이 되며 아침이 되니 이는 첫째 날이니라.

1) 칭하다 קרא qara, 카라

5절의 첫 단어 '칭하다' **קרא**는 선포하다, 선언하다, 부르다의 의미다. 하나님이 어떤 것이라고 칭하신다는 것은 설계하신 속성대로 이름을 지어 부르신다는 뜻이다. 그래서 흙으로 지으신 사람을 아담אדם(흙)이라고 하시는 것이다.

• 창조의 설계

하나님도 호칭대로 구별하여야 하는 것은 하나님의 호칭도 속성대로 지으셨기 때문이다. 객관적으로 존재하시는 하나님은 '엘로힘', 인간과 인격적 교제를 하시는 하나님은 '여호와' 그리고 인간의 심령 속에 들어오시는 하나님은 '임마누엘' 이시다.

2) 낮 יום yom, 욤과 밤 ליל lail, 라일

사람이 이해하고 있는 낮과 밤은 시간적 개념이다. 빛이 있는 때가 낮이고 빛이 없는 동안이 밤이다. 그런데 하나님은 빛이 낮이고 어두움이 밤으로 정의하신다. 시간 개념이 아니라 '상태' 개념이다. 빛이 있는 상태가 낮이고 빛이 없는 어두움의 상태가 밤이다.

• 창조의 설계

하나님은 창세기의 첫 단어를 시간의 시작인 '태초에' 로 정하실 만큼 육신의 인간에게 있이서는 하나님보다 시간이 중요하게 설계하셨다. 낮과 밤을 시간의 개념으로가 아니라 상태의 개념으로 설계하실 만큼 역사적 상태가 더 중요하다는 뜻이다. 그래서 주님께서도 "나중 된 자로서 먼저 되고 먼저 된 자로서 나중되리라."(마20:16)라고 말씀하신다. 인간과 세상은 물리적 시간의 장단이 아니라 빛의 상태인지 어두움의 상태인지가 문제라는 것이다. 양이 아니라 질의 문제다. 주님도 30여년밖에 살지 않으셨으면서 "다 이루었다."(요19:30)라고 말씀하셨다.

3) 저녁이 되며 아침이 되니

하나님이 '빛을 낮이라 칭하시고 어두움을 밤이라 칭하시니라' 라고 하시어 낮과 밤을 상태의 개념으로 설계하셨지만 현실적으로는 해가 있는 동안이 낮이고 해가 없는 동안은 밤인, 시간 개념이다. 그래서 하나님은 하루를 '저녁이 되며 아침이 되니' 의 시간 개념으로 창조하신 것이다.

• 창조의 설계

첫날은 지금 지구에 빛을 비추고 있는 태양과 같은 광원이 없을 때이다. '빛A' 의 광원이신 하나님은 천국에만 계시기 때문에 '저녁이 되며 아침이 되니' 라는 말씀은 지구가 자전하도록 창조하셨다는 말씀인 것이다. 그래서 지금도 지구는 자전하고 있는 것이다.

지구가 자전하도록 창조하신 하나님의 '7일 창조의 설계도' 는 하나님은 불변, 부동, 진리의 빛이시고 지구가 자전한다는 것을 계시하신 것이다. 인간에게 어두움과 밤이 있는 것은 인간 자신으로 말미암은 것이지 "하나님은 악에게 시험을 받지도 아니하시고 친히 아무도 시험하지 아니하시니라."(약1:13)는 말씀처럼 하나님이 시험하신 것이 아니다.

4) 저녁과 아침

'저녁이 되며 아침이 되니' 라는 말은 낮을 지나 '저녁' 이 되고 밤을 지나 '아침' 이 된다는 말이다. 그래서 4절에서도 먼저 빛이 낮이고, 그 다음이 어두움인 밤이다. 따라서 '저녁이 되며 아침이 되니' 라고 하신 것은 하루의 시작이 아침부터라는 말이지 저녁부터라는 말이 아니다.

• 창조의 설계

하루를 규정하시면서 아침부터라고 하시지 않고 '아침' 을 생략하시고 '저녁이 되며 아침이 되니' 로 첫 단어를 '저녁' 부터 말씀한다.

a. 하루의 시작

'저녁이 되며 아침이 되니' 라고 하여 '저녁' 을 먼저 말씀하는 것은 하루의 시작을 창조는 '아침부터' 로 하시고, 하루를 정하시기는 "저녁부터 이튿날 저녁까지 안식일을 지키라."(레23:32)라고 하심과 같이 '저녁부터' 로 하셨다. 하루의 시작을 '아침부터' 로 창조하셨기 때문에 사람은 물론 모든 생물들도 하루의 시작이 '아침부터' 라는 것은 굳이 가르치지 않아도 본능적으로 다 인식한다. 하나님은 하루의 시작을 창조는 '아침부터' 로 하시고, 지키기는 창조의 원리에 역행해서 '저녁부터' 로 하라고 하시는 '7일 창조의 설계도' 를 깊이 생각하라는 성경적 강조법이다. 하나님의 뜻은 깊이 고민하지 않고 구약시대뿐 아니라 지금도 유대교나 회교가 말씀에만 맹종해서 하루의 시작을 저녁 해질 때부터로 물리적으로만 충실히 지키고 있는 것이 문제다.

b. 십자가와 부활

구약성경은 죽는 것을 '저가 잠들어 저희 열조에게 돌아가니라' 라고 하여 전부 잠들었다고 표현한다. '저녁이 되며 아침이 되니' 는 저녁에 잠드는 것이 죽는 것임을 생각하라는 것이다. 저녁이 죽음이면 아침은 부활이며 생명을 의미하는 것이다. 하루를 '아침부터' 로 말씀하지 않고 '저녁이 되며 아침이 되니' 라고 하신 '7일 창조의 설계도' 는 '저녁' 은 예수 그리스도의 십자가를 '아침' 은 부활을 계시하신 것이다.

주님은 안식일 다음 날 "안식일이 다하여 가고 안식 후 첫날이 되려는 미명에" (마28:1) 부활하셨다. 주님의 부활하신 시점이 안식 후 첫날이 되려는 '저녁' 이 아니라 안식 후 첫 날이 되려는 '미명' 이다. 한 날의 시작이 저녁부터가 아니라 아침부터다. 하루의 시작이 저녁부터였던 것이 주님의 부활 후로는 아침부터로 바뀐 것이다. 원문으로도 '미명' 이 '안식일이 다하여 가고' 가 아니라 '늦은 안식일' 이다. 미명까지 안식일이 계속된다는 말이다.

주님이 부활하시기 전까지의 구약시대에서는 유대교와 회교에서처럼 하루가 '저녁이 되며 아침이 되니' 의 십자가와 부활이었지만, 주님의 부활로 하루의 시작이 하나님의 창조하신대로 다시 아침으로 회복된 것이다. 주님의 부활은 하나님의 역행했던 것을 창조 원상대로 회복시킨 것이다. 하나님이 하루를 '저녁이 되며 아침이 되니' 라고 하시는 것은 주님의 십자가와 부활을 계시하신 '7일 창조의 설계도' 이다.

c. 유월절과 성찬식

구약에서 하나님의 구원의 절대 조건은 "너희 가족대로 어린 양을 택하여 유월적 양으로 잡고 너희는 우슬초 묶음을 취하여 그릇에 담은 피에 적시어서 그 피를 문 인방과 좌우 설주에 뿌리고 아침까지 한 사람도 자기 집 문밖에 나가지 말라. 여호와께서 애굽 사람을 치러 두루 다니실 때에 문 인방과 좌우 설주의 피를 보시면 그 문을 넘으시고 멸하는 자로 너희 집에 들어가서 너희를 치지 못하게 하실 것임이니라."(출12:21-23)라고 하심과 같이 십자가의 '피'다. 그런데 주님이 구약의 유월절을 성찬식으로 바꾸시면서 "저희가 먹을 때에 예수께서 떡을 가지사 축복하시고 떼어 제자들을 주시며 가라사대 받아 먹으라 이것이 내 몸이니라 하시고 또 잔을 가지사 사례하시고 저희에게 주시며 가라사대 너희가 다 이것을 마시라 이것은 죄사함을 얻게 하려고 많은 사람을 위하여 흘리는 바 나의 피 곧 언약의 피니라."(마26:26-28)에서 알 수 있듯이 주님의 몸인 떡이 먼저고 피가 나중이다.

2장.

둘째 날

하나님이 가라사대 물 가운데 궁창이 있어 물과 물로 나뉘게 하리라 하시고 하나님이 궁창을 만드사 궁창 아래의 물과 궁창 위의 물로 나뉘게 하시매 그대로 되니라. 하나님이 궁창을 하늘이라 칭하시니라. 저녁이 되며 아침이 되니 이는 둘째 날이니라.

1) 증발론

불과 6일 만에 온 우주 만물을 창조하신 전능하신 하나님이 둘째 날 하루 온종일 하신 일이라고는 첫째 날 지구를 창조하실 때 이미 창조해 놓으신 물을 궁창 위로 끌어올리신 3개절의 말씀이 전부다. 궁창인 하늘도 첫째 날에 이미 창조하셨으니 물 가운데 궁창을 만드신 것도 원칙적으로는 창조가 아니다. 본문을 하나님이 '물 가운데 궁창이 있어 물과 물로 나뉘게 하리라' 의 '궁창 아래의 물' 은 땅의 물로, '궁창 위의 물' 은 구름으로 해석하는 것이 일반적이다. 이렇게 해석하면 '나누다' 의 의미는 땅에서 물이 '증발하다 '이다.

• 창조의 설계

하나님이 바닷물이 증발하여 구름이 되어 지구 곳곳에 비가 올 수 있게 설계하시지 않았다면 지금처럼 지구상에 생물이 존재하지 못했을 것이다. 이렇게 물을 설계하셨음에도 불구하고 지표의 7할이 바다인 지구는 여전히 강수량이 부족하다. 국지적으로 사막화된 곳들은 차치하고서라도 아프리카의 사하라에서부터 중동을 걸쳐서 몽골까지 펼쳐진 거대한 사막 지대를 형성하고 있는 것이 지구다. 하나님께서 물을 증발하여 구름이 되게 설계하신 것을 생각하면 감사하지 않을 사람이 없을 것이다. 그러나 "하나님이 가라사대 물 가운데 궁창이 있어 물과 물로 나뉘라"를 '증발론적' 으로 해석하는 것은 성경적으로는 모순이다.

a. 두 가지 물

둘째 날 '물과 물로 나누다' 를 '증발론' 으로 해석한다면 첫째 날에는 물이 증발하지 않았어야 한다. 증발하고 있었으면 둘째 날의 '증발의 창조' 는 논리적으로 성립하지 않기 때문이다. 따라서 '증발론' 이 성립하려면 첫째 날 창조하신 물은 '증발하지 않는 물' 이어야 한다. 즉 하나님이 '증발하지 않는 물' (이하 물A)과 '증발하는 물' (이하 물B)의 다른 '두 가지 물' 을 창조하셨어야 한다. 하나님이 '두 가지 물' 을 창조하셨다면 지금도 '증발하는 물' 과 '증발하지 않는 물'이 있어야 한다. '증발론' 은 '물A' 와 '물B' 가 같은 물이라는 것을 전제한 논리지, 다른 물이라는 전제가 아니다.

b. 영적 물

지금도 세상에는 '물B' 가 없으므로 첫째 날에 창조하시어 하나님의 신이 운행하셨던 물은 '물리적 물' 이 아니라 '영적 물' 이어야 한다. 그러나 '증발론자' 중에 '물B' 를 영적 물로 해석하는 사람은 아무도 없다. '증발론' 은 '물A' 와 '물B' 가 같은 물이라는 전제다. '증발론' 은 '물B' 를 '영적 물' 로 해석하는 것을 전제한 논리가 아니다.

c. 물B 창조

'물B' 가 '영적 물'이라면 '물B'의 창조에 관한 기록이 있어야 한다. 첫째 날의 창조에 직접적으로 물 창조를 말씀하시지 않았기 때문에, 둘째 날 하신 일은 '물' 에 관한 것이 전부이므로 반드시 둘째 날의 창조 기사에 '물 창조' 의 기록이 있어야 한다. 그렇지 않으면 물이 없는 '증발론' 이 된다. '증발론' 은 '물A' 와 '물B' 가 같은 물이라는 전제에서만 성립한다. '증발론' 은 첫째 날 창조된 물이 증발한다는 것이지 둘째 날 물을 창조한다는 논리가 아니다.

d. 재창조된 물

'증발론' 이 성립하려면 증발하지 않게 창조하신 '물A' 를 증발하는 '물B' 로 다시 창조했어야 가능하다. 그렇다면 '나누다' 를 '물A' 를 '물B' 로 '바꾸다' 로 해석해야 한다. '증발론자' 중에 둘째 날의 창조기사를 '물의 재창조' 나 '나누다' 를 '바꾸다' 로 해석하는 사람은 없다. '증발론' 은 '물의 재창조론' 이 아니다.

e. 창조 원리

하나님은 전지전능하시어서 이중적으로 창조하시지 않는 것이 원칙이다. 지구창조에 공기와 물의 창조가 포함되고, 식물도 씨를 별도로 창조하도록 설계하시지 않았다.

• 창조의 설계

하나님의 '창조의 설계' 중에는 하나님의 전능성에 모순 되게 '원래 창조' 하신 다음 '재창조' 하시는 특별한 예외적 경우도 없지 않다. 이런 경우는

첫째로 '재창조' 해야 할 분명하고 특별한 이유와 목적이 있어야 한다. 물을 증발하지 않게 창조하셔서 다시 증발하도록 재창조하시는 특별한 이유와 목적을 성경에서 찾을 수 없다.

둘째로, 전무한 상태에서 천지창조(창1:1)를 하셨으면 반드시 다

시 전무한 상태(계20:11)로 돌아가야 하고, 한 사람 아담에서 하와를 창조하셨으면 반드시 다시 하나(창2:18-24)로 되돌아가야 하는 '회귀성'(回歸性)의 원리에 부합해야 한다. 따라서 물이 증발하지 않게 창조되었다가 증발하게 재창조됐다면, 반드시 다시 증발하지 않는 물로 돌아가야 한다. 성경에는 물이 증발하지 않는 물로 돌아간다는 말씀이 없다.

f. 하나님의 보시기에 좋았더라

첫째 날에 '증발하지 않았던 물'을 둘째 날 '증발하는 물'로 재창조를 하셨다는 것은 첫째 날에는 '하나님의 보시기에 좋았더라'라고 하실 수 없는 상태로 창조하셨기 때문에 좋게 개조한 것이므로 반드시 '하나님의 보시기에 좋았더라'가 있어야 한다. 둘째 날 '하나님의 보시기에 좋았더라'는 말씀이 없다는 것은 '물A'를 '물B'로 바꾸신 것이 아니라는 말씀이다.

• 창조의 설계

하나님은 전능하시어 하루에 어마어마한 것들을 창조하셨음에도 불구하고 둘째 날에는 이미 첫째 날에 창조해 놓으신 지구상의 물을 '궁창 아래의 물과 궁창 위의 물'로 나누신 것 외에는 아무것도 하시지 않으셨다. 이러한 하나님의 '창조의 설계'는 궁창 위에 있는 물의 상태를 성경적으로 정확히 정리해야 한다는 강조법이다. 인간의 경험을 기준으로 성경을 해석하는 것은 성경을 하나님의 말씀으로 믿는 믿음의 해석이 아니다.

g. 5일 창조

첫째 날 창조하신 물을 나누신 '궁창 위의 물' 을 구름으로 이해하여 '증발론' 으로 해석하면 둘째 날의 창조기사(記事)는 반드시 없어야 한다. 첫째 날 창조하실 때부터 물은 증발하고 있었기 때문에 6일 창조가 아닌 5일 창조이다. 첫째 날부터 증발하고 있는 물을 둘째 날에 전능하신 하나님이 하루 종일 하신 일이 물을 증발하게 하셨다는 것은, 하나님은 하루 종일 아무것도 하시지 않으셨다는 것으로 물을 끌어올리셨다는 것이 아니다. '증발론적' 으로 해석하면 하나님의 천지 창조는 '5일 창조' 지 '6일 창조' 가 아니다. 물론 둘째 날을 '증발론' 으로 해석해서는 절대 안 된다.

• 창조의 설계

성경을 있는 대로 보지 않고 마음대로 보는 사람은 성경을 해석해서는 안 된다. 모든 사람이 구원을 받고 진리를 아는데 이르기를 원(딤전2:4)하시는 전지전능하시고 지혜의 근본이신 하나님의 계시의 말씀인 성경은 누구나 인정할 수밖에 없는 보편타당한 객관적 논리로 기록된 진리의 말씀이지, 하나님의 주관적 궤변이 아니다. 그래서 하나님의 '7일 창조의 설계도' 는 있는 대로 보는 사람에게만 보이도록 설계하시어 창조하신 기록이다.

2) 말씀하다 אמר

첫 단어가 빛을 창조(창1:3)하실 때와 같이 '가라사대' **אמר** 이다.

• 창조의 설계

하나님은 말씀으로 창조(창1:1-31)하셨을 뿐 아니라 하나님 자신이 말씀(요1:1)이시다. 하나님이 말씀하셔서 물과 물로 나누셨다는 말은 '말씀' 으로 창조하셨다는 말이지 창조부터 증발하고 있는 상태를 설명하신다는 말이 아니다. 말씀으로 물과 물로 나누신 것은 창조하신 것이지 상태적 설명의 '증발론' 으로는 해석할 수 없다.

3) 궁창(穹蒼, רקיע raqia, 라키아)과 하늘(שמים)

본 절에서 '궁창' רקיע은 상당히 광범위하게 쓰였다. 본문에서는 윗물과 아랫물 사이의 제한된 공간을 '궁창' 이라고 했는가 하면, 넷째 날에는 무한한 우주 공간 전체를 '궁창' 이라고 했다. 그리고 '궁창 רקיע=하늘 שמים' 이라고 했다. 따라서 '궁창' 은 대체로 공중의 넓은 공간에 대한 총체적인 의미로 보아야 옳다.

4) 나누다 בדל badal, 바달

하나님은 전능하셔서 처음부터 '궁창 아래의 물' 과 '궁창 위의 물' 로 나뉜 상태로 창조하실 수 있다. 그런데 그렇게 하시지 않고 전체의 물을 하나로 창조하신 후 이를 아래의 물과 위의 물로 나누셨다.

• 창조의 설계

두 객체를 질적이든 형태적이든 모든 면에서 완전히 동일하게 만드시는 전지전능하신 하나님의 방법은 간단하다. 둘을 별도로 창조하시고, 둘이 완전히 같다는 점들을 여러 가지로 설명하시는 것이 아니다. 하나로 만드신 다음 둘로 나누시는 것이다. 한 그릇에 담겨 있는 물을 두 그릇으로 나누어 담는 것이다. 나누인 궁창 위의 물과 아래의 물이 질적으로나 형태적으로나 완전히 동일하다는 말씀이다.

사람을 창조하실 때에도 전능하셔서 아담과 하와를 동시에 창조하실 수 있음에도 불구하고 영적으로 아담과 완전히 동일한 하와를 창조하셨다는 것을 강조하시는 하나님의 방법은, 먼저 아담을 창조(창2:7)하신 다음 아담을 둘로 쪼개서 하와(창2:18-23)를 창조하시는 것이다. 그래서 주님께서도 성찬식을 행하실 때 한 덩이의 떡(마 26:26)에서 떼시는 것이지, 천주교에서처럼 여러 개의 떡을 나눠주시는 것이 아니다.

지구상에 70억의 인구가 있지만 같은 사람이 둘은 존재하지 않는다. 그래서 하나로 화합할 수 있는 유일한 길은 한 성령 안(빌2:1-2)에서만 가능하다. 이렇게 한 성령을 나누어 마시는 것을 신학적으로 '분여' 라고 한다. 하나님은 한 분이다. 그래서 한 성령을 나누는 것이다. 따라서 성령을 받았으면 사도바울 안에 계신 성령이나 우리 안에 계신 성령이나 동일한 한 분이다. 이러한 하나님의 '분여(分與)' 의 원리를 성경적으로 올바로 정립하지 못하면, 분명히 하나님이 '나누다' 라고 기록된 본문도 '분여' 로 해석하지 못하고 마귀의 분열로 해석하게 된다.

5) 물(מי)과 구름(ענן anan, 아난)

둘째 날 해석의 핵심은 '궁창 위의 물' 의 상태의 문제다.

• 창조의 설계

이 '궁창 위의 물 מי' 이 창세기 1장 2절의 '물 מי' 이냐 창세기 9장 14절의 '구름 ענן' 이냐가 문제다. 본문은 '궁창 위의 물' 은 '물 מי'

이라고 기록하고 있지 '구름 ענן' 이라고 말씀하고 있지 않다. '궁창 위의 물' 은 지표에 남아 있는 '물 מי'과 동일한 상태의' 물 מי 이다.

부활신앙을 갖고 있다는 그리스도인 가운데서도 천국에 가면 자기 가족을 알아볼 수 있느냐는 질문을 하는 사람이 있다. 불교의 윤회설에서야 죽어서 개미로 환생한다고 하지만 기독교의 부활신앙은 육신의 인간으로 있을 때의 인격이 그대로 부활하는 것이다. 부활하신 주님이 제자들을 아셨고, 지옥에 있는 부자가 천국에 있는 나사로(눅16:23)를 알고 있는 것이다. 육신으로 있을 때의 인격으로 천국과 지옥에 가는 것이 문제일 뿐 내가 개미의 인격으로 바뀌어 서라면 문제가 될 리 없다.

6) 물막

물을 하나로 창조하시고 물과 물로 나누셨다는 성경의 증거는 공중에 떠 있는 '궁창 위의 물' 과 지표에 남아 있는 '궁창 아래의 물'

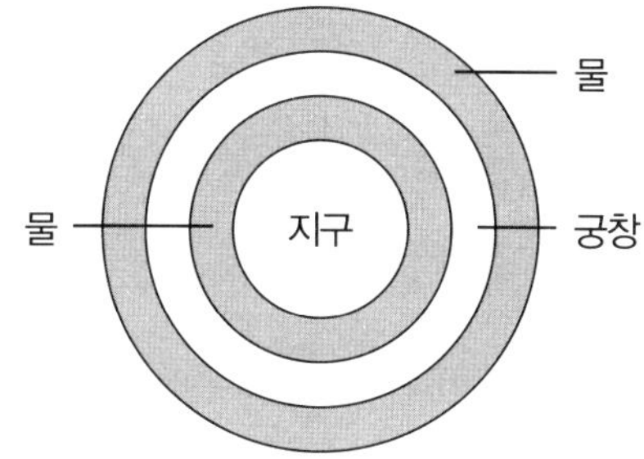

은 완전히 동일한 상태라는 말씀이다. 마치 지구가 유리온실 속에 있는 그림과 같이 투명한 '물막' 으로 지구를 덮게 하신 것이다.

• 창조의 설계

'궁창 위의 물' 을 '물막' 이 아닌 '구름' 으로 해석하게 되면 무엇보다도 성경의 무오성에 대한 믿음의 문제뿐 아니라 '7일 창조의 설계도' 의 정립이 불가능하게 된다. 이 '물막' 이 현재는 없기 때문에 현재 체험할 수 있는 가시적 결과만이 기준인 인간의 육적 본능으로 성경을 해석한 결과다. 하나님의 '7일 창조의 설계도' 는 자신보다 성경을 더 신뢰하는 사람에게만 보이도록 기록하셨다.

하나님이 처음부터 궁창 위와 아래에 물이 나누인 상태로 창조하시지 않고 먼저 물을 지상에 하나로 창조하시고 궁창 위로 끌어올리시는 '재창조' 를 하신 하나님의 특별하신 이유와 목적을 깊이 생각하라는 강조법이다.

7) 노아의 홍수

하나님이 둘째 날 궁창 위로 끌어올리신 물이 다시 땅에 쏟아진 것이 '노아의 홍수' 다. '노아의 홍수' 전까지 있었던 이 물막은 '노아의 홍수' 로 완전히 사라졌다.

• **창조의 설계**

하나님이 물질계를 창조하시고 역사하시는 중요한 원리 중 하나가 회귀성(回歸性)의 원리다. 처음 상태로 다시 돌아가는 것이다. 전무한 상태에서 천지를 창조(창1:1-31)하셨기 때문에 땅과 하늘의 온 우주 만물을 폐지(계20:11)하시어 다시 전무한 상태로 되돌리시는 것이다. 사람도 태어났으면 반드시 죽어야 하는 것은 정(히9:27)하신 회귀성의 법칙이기 때문에 예수님도 돌아가셨다.

사람을 흙(창2:7)으로 지으셨기 때문에 흙(창3:19)으로 돌아가야 하는 것이다. 남자의 몸을 떼어 여자를 만드셨기 때문에 다시 한 몸(창2:21-24)이 돼야 한다. 예수 그리스도께서는 하늘에서 내려오셨기 때문에 다시 하늘로 올라가(요3:13-14)셔야 한다.

회귀성의 원리에 의해서 둘째 날에 궁창 위로 끌어올리신 물이 '노아의 홍수' 로 다시 땅에 쏟아져야 하는 것이 전지전능하신 하나님이 온 우주 만물을 한 순간에 다 창조하시지 않고 6일의 간격으로 창조하신 이유와 목적을 읽을 수 있는 '7일 창조의 설계도' 의 핵심이다. 물막론을 성경적으로 올바로 해석하지 못하고서는 '7일 창조의 설계도' 는 물론 성경적인 복음과 신학의 정립도 불가능하다.

8) 물막의 증거

이 물막이 지구를 덮고 있었을 '노아의 홍수' 전에도 이 물막이 투명한 유리 같았기 때문에 이것을 물막으로 인식한 사람은 아무도 없었을 것이다. 따라서 홍수에서 살아남은 노아의 가족들 중에도 이 물막이 있었다는 사실을 증거할 수 있는 사람은 전혀 없었다고 보아야 옳다.

• 창조의 설계

이 물막이 있었다는 사실을 인식한 사람은 아무도 없었으므로 이 물막의 실제성에 관해서는 사람의 유전으로는 전해질 수 없다. 따라서 이 물막이 실제로 있었다는 것이 사실이라면 이를 기록하고 있는 창세기가 중동 지방의 창조설화를 바벨론 포로시절에 편집된 것이라는 자유신학자들의 논리는 전혀 근거가 없는 주장이라는 증거이다. 물론 창세기의 저자인 모세는 이 물막이 있었다는 사실을 전혀 알 수 없었기 때문에, 모세가 이것을 기록했다는 것도 100% 하나님의 '엘로힘적 계시' 의 결과가 창세기를 기록한 것이라는 증거이다.

9) 물막의 증거들

이 물막이 실제로 있었다는 사실을 역사적으로 증명하는 문제는

'노아의 홍수' 사건 자체의 문제뿐 아니라 하나님의 존재성과 성경이 하나님이 계시하신 말씀이지 인간의 지혜로 기록한 말씀이 아니라는 사실을 객관적으로 판가름하는 결정적 문제이다.

① 내증

이 물막이 있었다는 사실을 두 가지로 증명할 수 있다. 성경 자체에서 증명하는 '내증'과 성경 이외에서의 근거로 증거하는 '외증'이다. 다음에 증거하는 내증들은 창세기 1장에서 증거한 이외의 증거들이다.

• 노아의 홍수

전 세계적으로 대 홍수가 있었다는 증거가 많이 발견되기 때문에 창조론과 진화론 논쟁의 실제적인 주제가 주로 대 홍수의 문제일 때가 많다. 논쟁의 핵심은 대 홍수가 성경의 증거처럼 지구 전체의 해수면이 높아진 것이었는지, 아니면 진화론적 주장대로 해수면의 높이와는 상관이 없는 국부적인 홍수였는지의 문제다.

지금과 같이 지구에서 물이 증발하여 형성된 구름이 비로 쏟아지는 국부적인 홍수로는 아무리 비가 많이 와도 지구의 해수면은 변함이 없다. 지구상에 있는 물 전체의 절대량은 변하지 않기 때문이다. 대 홍수로 지구 전체의 해수면이 높아지려면 반드시 대 홍수 전까지는 지구에 없었던 다른 물이 쏟아져서, 지구에 있는 물 전체의 절대량이 증가해야만 한다.

그러므로 성경이 증거하는 '노아의 홍수' 가 가능하려면 이때 쏟아진 물은, 지구에서 증발한 물이 아니라 지구 밖에 별도로 보관되어 있었던 물이어야만 한다. 성경이 증거하는 '7일 창조의 설계도' 로는 지구 밖의 이 물이 '궁창 위의 물' 이고 이 물이 쏟아져 내린 것이 '노아의 홍수' 다. 둘째 날 끌어올리신 '궁창 위의 물' 이 지상의 물이 증발하여 형성된 구름이어서는 절대로 해수면이 높아지는 성경적 '노아의 홍수' 는 불가능하다. 노아의 방주가 '아라랏산' (창 8:4)에 머물렀다는 것은 강물이 불었다는 것이 아니라 해수면이 높아졌다는, 물막이 쏟아져 내렸다는 증거이다.

• 비와 안개

하나님이 창조해 놓으신 세상은 "땅에 비를 내리지 아니하셨고 안개만 땅에서 올라와 온 지면을 적셨다." (창2:5)는 말씀과 같이 비가 내리지 않았었다. 창세기 1장 1절에 하나님이 창조해 놓으신 땅에는 물이 있고 공기도 있었고 3절에 빛도 창조하셨다. 따라서 빛을 창조하신 후부터는 물은 자연히 증발하게 되어 있고, 증발한 수증기가 공중의 찬 공기를 만나 응고하여 구름이 되어서 비가 오게 되어 있다. 비가 오지 않는 경우는 있을 수 없다.

비가 오지 않으려면 지표의 온도보다 공중의 온도가 높아서 증발한 수증기가 지표 가까이에서 응고되고, 공중에서는 응고될 수 없어야만 가능하다. 물막 속에 지구가 있으면 이런 현상은 충분히 가능하다. 물은 열전도율이 극히 낮기 때문에 사우나 한증탕에서처럼 지표의 온도가 공중보다 낮다. 이렇게 되면 공중에 구름이 생기지 못하고 지표에서 구름이 형성된다. 이것이 안개다. 그래서 '안개만 땅에서 올라와 온 지면을 적신' 것이다. 비가 오지 않고 안개만 땅에서 올라와 온 지면을 적셨다는 것은 물막이 있었다는 증거다.

• 바람과 사계절

안개가 생기려면 공중보다 지표의 온도가 낮을 뿐 아니라 반드시 바람이 불지 않아야 한다. 바람이 불면 수증기가 응고하지 못하고 이동하게 되기 때문에 바람이 부는 날에는 안개가 끼지 않는다. 바람이 불지 않으려면 지역간의 온도 차가 없어야 한다. 지구가 물막 속에 있으면 온도가 일정한, 변화가 거의 없는 온실 속에 있다는 말이다. 이렇게 되면 북극이나 남극과 적도 간의 온도의 차이가 거의 없을 것이다. 그래서 바람이 불지 않는다.

바람이 없던 지구에 하나님이 "바람으로 땅위에 불게 하시매"(창 8:1)라고 하신 것 같이 바람이 처음 생긴다. 노아의 홍수로 물막의 물이 다 쏟아져 내린 후부터, 지금처럼 남극과 북극은 한대지방이 되고 적도는 열대지방이 되어 기온 차이가 생겨서 바람이 불게 된 것이다.

노아의 홍수 후 "땅이 있을 동안에는 심음과 거둠과 추위와 더위와 여름과 겨울과 낮과 밤이 쉬지 아니하리라"(창 8:22)고 말씀한다. 노아의 홍수 후에야 처음으로 심음과 거둠과 추위와 더위와 여름과 겨울이 생겼다고 말했다. 지구가 물막의 온실 속에 있을 때는 계절도 없고 온도도 일정해서 식물을 심을 필요 없이 따먹기만 하면 되었는데 물막이 없어지면서 추위와 더위의 '사계절'이 생겨서 심고 거두어야 하는 것이다. 지구에 바람과 사계절이 없었다는 것은 물막이 있었다는 증거다.

• 구름과 무지개

구름과 무지개라는 단어는 노아의 홍수 전에는 전혀 나타나지 않는다. 노아의 홍수 때에도 "하늘의 창들이 열려 40주야를 비가 땅에 쏟아졌더라."(창7:11-12)라고 했지 구름에서 물이 쏟아진다고는 전혀 말씀하지 않는다. 홍수 후에 "내가 무지개를 구름 속에 두었나니 이것이 세상과의 언약의 증거니라. 내가 구름으로 땅을 덮을 때에 무지개가 구름 속에 나타나면 내가 나와 너희와 및 혈기 있는 모든 생물 사이의 내 언약을 기억하리니"(창9:13-15)라고 말씀하실 때에야 구름과 무지개라는 단어가 최초로 등장한다. 물막이 모두 없어지고 난 후에야 구름이 생긴 것이다.

구름이 없으면 무지개가 생기지 않는다. 노아의 홍수 전에 구름이 있었다면 무지개도 있었어야 한다. 하나님은 또 구름 사이의 무지개를 볼 때마다 노아의 홍수를 기억하시겠다고 말씀하신다. 홍수 전에도 구름과 무지개가 있었다면 구름과 무지개를 보시고 홍수를 기억하신다는 것은 논리적으로 맞지 않는다. 홍수 전에는 지구에 구름과 무지개가 없었다는 것은 지구가 물막 속에 있었다는 증거다.

• 인간의 수명

성경은 노아의 홍수 전에는 사람이 900세 이상 살았다고 증거(창 5:1-32)한다. 그래서 간혹 사람들이 성경을 이스라엘의 무협지로 취급하기도 한다. 그러나 물막이 있을 때는 인간의 수명이 상당히 길 수 있었다. 물막이 직사광선은 물론 외계에서 방사선과 같은 인체에 해로운 것들이 들어오는 것을 막아주었기 때문이다. 지금도 남극 상공에 뚫린 미국 크기 정도의 오존층(O^3)의 구멍을 통해 외계에서 인체에 해로운 것이 들어와 피부암 등 많은 질병을 유발하고 있는 것으로도, 충분히 물막이 장수의 원인일 수 있다는 점을 인정해야 한다.

뿐만 아니라 물막으로 덮고 있으면 지구에서 생산되는 산소가 외계로 나가지 못하게 가두고 있기 때문에 지구에 산소의 함유량이 풍부해져서 사람이 그만큼 늙지 않고 장수하게 됐을 것이다. 그래서 노아의 홍수로 물막이 사라진 후부터는 사람의 수명(창11:10-26)이 점점 짧아졌다. 사람이 장수했다는 것은 물막이 있었다는 증거다.

• 수명의 한계

하나님은 노아의 홍수로 지면의 모든 기식있는 생물을 멸하시면서 사람의 나이를 120세(창6:3)로 한정하셨다. 사람은 120세 이상을 살 수 없다는 말씀이다. 동물학자들의 연구에 의하면 모든 동물들의 최대한의 수명은 성장기의 5배라고 한다. 의학적으로는 사람은 만 24세까지 성장한다고 한다. 그러므로 사람이 살 수 있는 최대는 하나님이 한정하신대로 120세다. 성경은 하나님의 말씀이다.

② 외증

아무리 성경이 기록에 근거한 내증으로 완벽하게 사실성을 입증해도 성경 외의 일반적인 현상에서 증거하지 못해서는 완전하게 입증했다고 할 수 없다. 신자들 간에는 '내증' 이 더 중요하겠지만 불신자에게는 '외증' 없는 '내증' 만으로는 성경을 진리로 받아들여지기가 쉽지 않다.

a. 북극의 아열대

최근 북극에서 유전을 개발하기 위해 얼음을 깨고 탐사를 하면서 놀라운 사실을 발견했다. 엄청난 크기의 매머드(mammoth)가 얼음 속 깊이 대량으로 냉동되어 있는 것이 발견됐다. 이들 매머드들은 아열대성 동물이지 북극의 한대 지방에서 서식하는 동물이 아니다. 매머드는 육지동물로 물에서 서식하는 동물이 아니다. 이 피할 수 없는 실제적 사실 때문에 진화론 자들이 심각한 고민을 하고 있다.

• **원론적 진화론**

진화론의 원론적 설명은 태양에서 떨어져 나온 6000만도의 불덩어리였던 지구가 현재의 기온 분포대로 냉각되는 과정에서 남극과 북극이 아열대성 기후였던 적이 있었다고 한다. 이러한 때에 아열대성 동식물이 북극에서 서식했었다는 것이다. 그러다 지구가 더 냉각되어 북극지방이 추워져서 아열대성 동물도 철새가 옮겨 가듯 서서히 적도 근처로 이동했다는 것이다.

그렇다면 식물도 아닌 아열대성 동물이 어떻게 따뜻한 곳으로 옮겨가지 않고 북극에 남아 얼어 죽을 수 있을까? 그래서 죽은 시체가 다른 곳에서 북극으로 떠내려 왔다는 변명을 하기도 한다. 이런 가정이 전혀 성립할 수 없는 것은 적도 근처에서 북극까지 떠내려 오는 장구한 기간 동안에도 썩지 않을 수 있는 방법이 전혀 없기 때문이다. 북극의 깊은 얼음 속에 냉동된 상태로 발견된 매머드는 전혀 썩지 않았다. 거기서 살다가 거기서 죽어서 거기에 냉동된 것이 아니고는 불가능한 상태다.

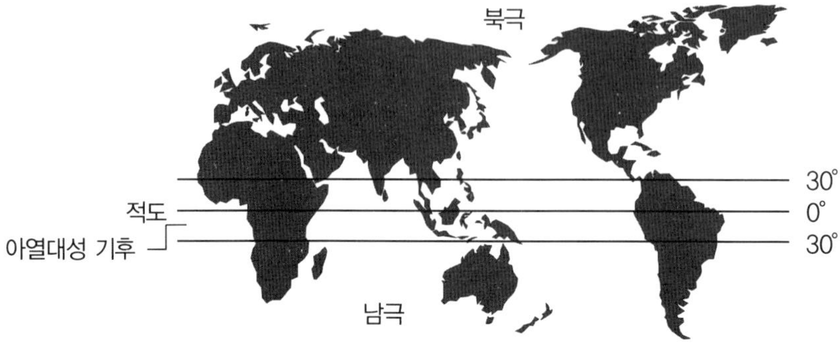

• **이산화탄소막(CO²)**

매머드가 북극에 있다는 것은 북극에 아열대성 기후였던 때가 있어서 매머드가 거기서 살다가 동물까지도 피할 수 없이 갑작스럽게 추워져서 얼어 죽었다는 것이 가장 이해하기 쉬운 가정이다. 그러니 이러한 북극에서 발견된 아열대성 동식물의 무시할 수 없는 실제 사실에 대한 진화론의 원론적인 설명이 전혀 설득력을 잃게 되자 또 다른 가정을 제기하고 있다.

최근에 이르러 지구 온난화 현상의 원인이 보온력이 뛰어난 이산화탄소의 과다한 배출 때문이라고 해서 이를 억제하기 위해 온 세계가 고민하고 있다. 그래서인지 요즈음의 진화론자들도 한때 지구가 이산화탄소막 속에 있었다고 말한다. 그래서 지구 전체가 온실 속에 있는 것처럼 아열대성 기후였었다고 새로운 주장을 펴기 시작했다. 이러한 이산화탄소막이 엄청난 화산 폭발로 갑자기 사라지면서 오늘처럼 남극과 북극이 추워졌고, 그래서 북극에 서식하고 있었던 아열대성 동물들이 피하지 못하고 얼어 죽어 냉동됐다는 것이다.

하지만 이런 가정이나 설명은 현실적으로 성립될 수 없다. 만약 지구가 이산화탄소막 속에 있어 전체가 아열대성 기후였었다면 북극에는 전혀 육지 동물이나 식물은 서식할 수 없다. 지구 전체가 이산화탄소막 온실 속에 있었다면 북극과 남극뿐 아니라 히말라야와 같은 만년설도 있을 수 없는 지구 전체가 아열대성 기후였을 것이기 때문에 현재 지구에 있는 모든 얼음이 다 녹은 상태였을 것이다. 이런 상태로 지구가 있었다면 북극의 육지는 항상 깊은 물속에 잠겨 있을 수밖에 없다. 당연히 육지 동식물은 전혀 서식할 수 없다.

• 물막의 증거

북극에서 아열대성 육지의 동식물이 서식할 수 있으려면 온도가 아열대성 기후로 덥기만 해서 되는 것이 아니다. 아열대성 기후이면서 동시에 북극에 육지 동식물이 서식할 수 있을 정도로 지구에 있는 물의 절대량이 지금보다 현저하게 적어야 한다.

둘째 날의 물막이 아니고는 어떤 방법으로도 북극에 아열대성 동식물은 한시도 서식할 수 없다. 북극에 아열대성 동식물이 냉동될 수 있는 가능한 방법은 첫째로 아열대성 육지 동식물이 서식할 수 있을 만큼 덥고, 둘째로 지구상에 물의 절대량이 지금보다 현저히 적었다가, 셋째로 갑자기 지구 밖에서 엄청난 물이 쏟아져 내리면서, 넷째 아열대성 동물들이 피할 수 없을 정도로 기온이 갑작스럽게 떨어지기 전에는 성립할 수 없다. 둘째 날 창조하신 '궁창 위의 물막' 이 '노아의 홍수' 로 쏟아진 것이 아니고는 북극에 아열대성 매머드는 절대로 냉동될 수 없다.

다행히 최근에 엄청나게 많은 아열대성 동식물이 북극에서 발견되어 이제는 누구도 둘째 날의 물막과 성경의 계시성을 인정하지 않을 수 없게 됐다. 북극에 아열대성 매머드가 냉동되어 있다는 것은 물과 노아의 홍수가 역사적 사실이라는 움직일 수 없는 증거다.

b. 해저 유전

유전은 전 세계에 널리 분포되어 있다. 육지는 물론 북극의 한대 지방뿐 아니라 깊은 해저에서도 엄청난 양의 원유를 채굴하고 있다. 이렇게 많은 원유가 지하에 매장되어 있는 것은 과거에 공룡과 같은 거대한 아열대성 동물들이 어느 날 갑작스런 지각 변동으로 한꺼번에 지하에 매몰되어 오랫 동안 지압과 지열에 의해 형성된 것이라는 이론에 대해서는 학자 간에도 별다른 이의가 없다. 그렇다면 어떻게 지상도 아닌 깊은 해저에 엄청나게 많은 거대한 동물들이 한꺼번에 매몰될 수 있었을까?

해저 유전의 형성에 관한 진화론적 설명은, 많은 거대한 아열대성 동물들이 떼로 모여 서식하고 있다가 갑작스런 지각 변동으로 한꺼번에 매장되면서 땅이 바다 밑으로 꺼져내려 형성된 것이라는 것이다. 하지만 이런 설명이 사실이기 위해서는 반드시 먼저 완전히 매몰된 다음에 땅이 해저로 가라앉아야만 한다는 등 너무 많은 특별한 예외적인 조건들을 전제해야만 한다. 이러한 예외적인 특별한 상황이 전 세계적으로 분포되어 있는 모든 해저 유전에 동일하게 이루어 질 수 있는 가능성은 누구나 인정할 수 있는 보편타당한 객관적인 증거가 아니라 확률적으로도 '0%' 라고 해도 과언이 아닌 신비적인 논리다.

그러나 물막이 있었다는 전제라면 지구상에는 지금과는 달리 물의 절대량이 현저히 적었기 때문에 바다는 그만큼 현재보다 많이 좁았을 것이고, 상대적으로 땅은 더 넓었을 것이다. 즉 현재 바다의 많은 부분이 육지였을 것이다. 따라서 유전이 있는 해저도 노아의 홍수 전에는 육지였기 때문에 아열대성 동식물이 서식하고 있다가 갑작스런 지각 변동(창7:11)으로 매몰된 후 물막의 물이 쏟아져 내려 해수면이 높아져 해저가 된 것일 것이다. 해저유전의 형성에 관해서 가장 합리적으로 설명할 수 있는 현재까지의 유일한 가정은 성경적 물막이 있었다는 것뿐이다.

c. 노아의 방주

"일곱째 달 곧 그 달 열이렛날에 방주가 아라랏 산에 머물렀으며" (창 8:4)의 아라랏산은 터키와 구소련사이 시리아 국경지대에 있다. 아라랏 산에서 조난을 당한 영국 탐험대가 동굴을 하나 발견했는데 동굴인 줄 알고 들어가 보니 굴이 아니라 서울운동장만한 배였다고 한다. 만년설 때문에 배가 얼음 속에 있었던 것이다. 그 배의 나무 조각을 떼어 와 과학적으로 검증해 본 결과 약 4천년가량 지난 것으로 추정 되었다. 노아의 방주 외에 다른 것으로 설명될 수가 없다. 방주를 계산하면 거의 정확히 맞아떨어진다. 성경의 증거와 일치하는 것이다.

d. 호박

나무의 진이 아주 오랫동안 땅 속에서 압력을 받아 돌처럼 딱딱하게 굳어진 것이 호박이라는 보석이다. 나무진이 흘러 내려오다가 그 안에 공기가 들어있는 상태로 가장자리가 굳어버린 호박도 있다. 오래 된 호박 속의 공기를 조사를 해 보니 산소함유량이 무려 '32%' 라는 놀라운 사실을 발견했다. 현재 대기 중의 산소함유량은 거의 정확히 '21%' 이다. 산소함유량이 '2%' 만 높아져도 세상은 불바다가 된다고 한다.

산소의 함유량이 '32%' 나 된다면 지구가 불바다라 나무진이 남아 있을 수 없다. '쥐라기공원' 같은 영화를 보면 배경이 늘 안개 속에 있는 것처럼 제작한 것은 지구가 물막 속에 있었다는 것을 알아서였거나 "안개만 땅에서 올라와 온 지면을 적셨더라"(창2:6)라는 성경 말씀을 믿어서가 아니라 호박 속의 산소 함유량의 증거 때문이다. 이렇게 산소의 함유량이 많음에도 불이 나지 않으려면 항상 안개가 자욱할 정도로 습도가 높아야 하기 때문이다. 물론 대기 중의 산소함유량이 '32%' 라면 그만큼 인간의 수명이나 성장에 절대적인 영향을 주었고, 그래서 노아의 홍수 전에는 사람의 수명이 900세 가까이 살 수 있었을 것이다. 호박 속의 산소의 함유량이 32%나 된다는 것은 물막이 있었다는 객관적 증거다.

• 성경은 진리다

물막은 실제로 있었다. 그런데 이 물막을 물막으로 본 사람은 아무도 없다. 노아와 그 가족은 물막을 보았겠지만 투명했기 때문에 물막이 없는 것으로 여겼을 뿐 물막으로 인식할 수 없었다. 따라서 물막이 있었다는 창세기는 유전으로 전해 내려 온 것을 기록한 것일 수 없다. 물론 모세도 물막에 대해서는 전혀 본 적도 들은 적도 없으면서 오직 하나님의 계시에 의해서만 기록한 것이다. 성경은 하나님이 계시하신 진리의 말씀이다.

10) 하나님의 고민

둘째 날 전능하신 하나님이 하신 일이라고는 첫날 창조하신 물을 궁창 위로 끌어올리신 것이 전부다.

• 창조의 설계

다른 날 하루에 하신 일에 비하면 하루 종일 아무 것도 하시지 않으신 것이나 다름없다. 물막을 끌어올리신 것은 창조도 아니다. 아무 것도 하시지 않으신 것이 아니라 아무 것도 하실 수 없다는 말씀이다. 전지전능하시고 절대선 절대의이신 하나님이 하루 종일 아무 것도 하시지 못하시고 고민만 하셨다는 말씀이다.

a. 성경해석의 열쇠

하나님의 6일 창조 중 둘째 날의 창조만큼 강조한 날은 없다. 하나님의 의도를 깊이 생각하라는 주문이다. 둘째 날의 하나님의 고민을 읽지 못하면 하나님과 예수 그리스도(요17:3)를 알 수 없을 뿐만 아니라 '7일 창조의 설계도' 는 물론 성경도 볼 수 없다.

b. 하나님의 보시기에 좋았더라

하나님은 전지전능하시고 절대선 절대의이시기 때문에 하나님의 보시기에 좋게만 하시지, 좋지 않게 하실 수는 없다. 그래서 하나님은 창조하시고는 스스로 '하나님의 보시기에 좋았더라' 고 말씀하신다. 그런데 1절과 마찬가지로 둘째 날의 역사를 마치시고도 '하나님의 보시기에 좋았더라' 가 없다. 물막을 끌어올리신 것은 하나님이 좋아서 하신 것이 아니라는 말씀이다. 엄청난 성경적 강조법이다. 깊이 생각하라는 말씀이다.

c. 하나님의 고민

하나님이 둘째 날 물을 끌어올려 물막만 만드시면서 아무 것도 하실 수 없이 고민하시고 괴로워하신 것은, 장차 노아의 홍수로 인간을 심판하기 위함이기 때문이다. 물막은 노아의 홍수다. 노아의 홍수는 심판이고 죽음과 십자가며 침례다. 하나님의 아픈 마음이다. 이것이 '7일 창조의 설계도' 의 핵심이다. 그렇기 때문에 이 하나님의 고민을 읽지 못하고는 '7일 창조의 설계도' 도 하나님의 사랑도 알 수 없다.

• 창조의 설계

하나님은 전지전능하셔서 천지를 창조하시기 전에 창조를 설계하면서도 인간을 하나님의 형상대로 빛의 아들로 창조(창1:27)하시지만 곧 흑암으로 타락(창3:6)할 것을 미리 다 아시고 타락한 인간의 영혼을 구원하시는 것을 전제로 천지를 설계하시고 창조하셨다. 그래서 빛보다 어두움을 먼저, 인간의 심령을 계시하도록 설계하신 땅의 상태를 '혼돈하고 공허하고 흑암이 깊음 위에 있' (창1:2)는 상태로 창조하신 것이다.

하루를 아침에 시작(창1:27)하게 창조하시고도 저녁으로부터 시작하시는 것이다. 타락한 아담의 후손이 영혼구원을 받아 빛의 자녀가 되려면 반드시 먼저 노아의 홍수이고 심판이며 십자가로 육신이 죽는 자기부인(마16:24)이 없이는 안 된다. 그래서 하루를 '저녁이 되며 아침이 되니' 라고 하신 것은 주님의 십자가와 부활만이 아니라 육신이 죽지 않으면 새 생명으로 거듭날 수 없는 하나님의 영혼구원론의 '7일 창조의 설계도' 를 말씀하시는 것이다. 아담의 후손은 누구든지 반드시 먼저 육신이 죽지 않고서는 새 생명의 구원이 가능하지 않도록 창조하신 것이 '7일 창조의 설계도' 이다.

3장.

셋째 날

하나님이 가라사대 천하의 물이 한곳으로 모이고 뭍이 드러나라 하시매 그대로 되니라. 하나님이 뭍을 땅이라 칭하시고 모인 물을 바다라 칭하시니라. 하나님의 보시기에 좋았더라.(창1:9-10)

1. 땅과 바다

셋째 날에는 두 가지를 창조하셨다. '천하의 물이 한곳으로 모이고 뭍이 드러나라' 고 하시어 땅과 바다를 가르신 것과 각종의 모든 식물을 창조하신 것이다.

1) 둘째 날의 상태

셋째 날 첫 번째 창조는 땅과 바다를 가르시는 마른 땅과 바다의 창조다. 문제가 있다. '하나님이 가라사대 천하의 물이 한곳으로 모이고 뭍이 드러나라 하시매 그대로 되니라.' 라는 말씀은 셋째 날 전에는 땅이 물 속에 잠겨 있었다는 말이다. 둘째 날 궁창 위로 물을 끌어올리기 전에는 있을 수 있는 상태다. 그러나 궁창 위로 물을 끌어올린 다음이면 물은 낮은 곳으로 흘러 바다를 이루면서 자연히 뭍이 드러나 있어야 마땅하다. 본문이 이런 것이라면 물을 끌어올릴 때 동시에 이루어지는 것이므로 셋째 날의 문제가 아닌 둘째 날의 문제이다.

그리고 본문이 둘째 날에 물을 궁창 위로 끌어올린 후의 지표의 상태를 묘사한 것이라면, 위에 있는 물을 끌어올렸을 것이므로 땅이 드러났다고 먼저 기록하고 물이 한곳에 모여 있다로 나중에 기록했어야 옳다. 그런데 본문은 이와는 반대로 먼저 물이 한곳으로 모인 다음에 땅이 드러난다.

2) 말하다 אמר

첫 단어가 빛 창조(창1:3) 때와 물막 창조(창1:6-8) 때와 같이 '가라사대' אמר 이다.

• 창조의 설계

자연적으로 물이 흘러내렸거나 땅이 드러난 둘째 날의 상태를 셋째 날에 기록한 것이 아니다. 그렇다고 물 속에 잠겨 있던 땅이 지각

변동으로 물 위로 솟아올랐다는 말도 아니다. 땅이 솟아오른 것이라면 '뭍이 드러나고'를 먼저 기록한 다음 '물이 한곳으로 모였다'고 했어야 한다.

하나님이 말씀하셨기 때문에 물이 흘러내렸다는 말이고, 말씀하셨기 때문에 땅이 드러났다는 말이다. 말씀으로 물이 한곳으로 모이게 창조하셨고, 말씀으로 땅이 드러나게 창조하셨다는 말이다.

3) 중력(重力) 창조

하나님이 말씀으로 물이 흘러내리게 창조하시기 전에는 흘러내리지 않았다. 물이 흘러내리게 말씀으로 창조하시기 전에는 물이 산 위에 얹혀 있으면서도 아래로 흘러내리지 않았다는 말이다. 또 뭍이 드러나라고 말씀하신 다음에야 뭍이 드러났다는 말은 말씀하시기 전에는 뭍이 물속에 있었다는 말이다. 이렇게 말씀으로 창조하시기 전에는 물이 산(山) 위에 얹혀 있었다. 물이 산 위에 얹혀 있으면서도 아래로 흐르지 않고 있으려면 지구에 중력(重力)이 없어야만 가능하다. 둘째 날까지의 지구는 무중력(無重力)이라는 말씀이다.

• 창조의 설계

첫째 날에서는 무중력으로 지구를 창조하셨다가 셋째 날에 이르러서야 지구에 중력을 창조하신 것이다. 둘째 날까지는 지구가 무중력이라 물이 산 위에 얹혀 있다가 셋째 날에 '천하의 물이 한곳으로 모이라'고 말씀하시어 지구와 물에 중력을 창조하시니까 물이 비로소 낮은 곳으로 흘러내려 바다를 이루었고, '뭍이 드러나라' 고 말씀하시어 땅에 중력을 창조하니 육지가 드러난 것이다.

뉴턴이 사과가 떨어지는 것은 보고 만유인력을 발견했다. 우리는 만유인력 속에서 태어나서 살고 있기 때문에 만유인력은 자연히 있는 것으로 생각하기 쉽지만 지금도 많은 과학자들은 만유인력의 원인을 규명하기 위해 고심하고 있다. 만유인력의 원인은 하나님이시다. 하나님은 무중력의 지구로 창조하셨다가 중력을 창조하셨다. 지금도 하나님은 온 우주 만물을 중력이 없는 무중력의 존재가 되게 하실 수 있는 전능자다.

4) 무중력(無重力)

무중력이란 체적은 있는데 질량이 없다는 말이다. 항상 중력 상태에서만 살고 있기 때문에 무중력을 이해하기가 쉽지 않다. 그러나 현대인들은 무중력 상태인 인공위성 내에서의 우주인들이 유영하는 모습을 화면을 통해 자주 접할 수 있어서 무중력 상태라는 개념을 더 이상 길게 설명할 필요가 없을 것이다. 무중력이란 무거울 것으로 보이는 돌이지만 들어보니 전혀 무게가 없다는 말이다.

지구 자체가 '무중력' 이라는 것과 현재 우리가 알고 있는 '무중력 상태' 는 전혀 다른 개념이다. 일반적으로 이해하고 있는 '무중력 상태' 란 지구와 달 사이의 '무중력 상태' 의 공간과 같이 지구의 인력과 달의 인력이 균형을 이룬 공간에서 저울에 달아보니 '절대 질량' 은 있는데 눈금이 '0' 이라는 것이지만, 지구 자체가 '무중력' 이란 말은 '절대 질량' 이 '0' 이라는 말이다.

• 창조의 설계

하나님은 전지전능하시고 완전하신데 왜 처음부터 중력이 있는 지구로 창조하시지 않고 복잡하게 무중력으로 창조하신 다음 중력을 창조하셨을까? 첫날 창조하신 지구와 둘째 날의 물막 창조를 하나님의 보시기에 좋게 하시지 않으신 것과 무중력으로 창조하셨다가 이중으로 중력을 창조하시는 것은 모두 하나님의 속성에 모순이다. 하나님의 창조에 과정이 있으면 원칙적으로 하나님의 전능성의 속성에 모순이다. 창조에서뿐 아니라 이렇게 하나님의 속성에 모순되게 역사하시는 곳에 하나님의 더 깊은 뜻과 목적이 있다.

땅의 무중력의 영적 의미가 땅의 혼돈(창1:2)이다. 우상은 보기에 능력과 생명이 있을 것으로 혼돈(삼상12:21)하지만 전혀 생명력이 없는 무중력의 존재인 것이다. 사람도 실제 보기는 살아 있는 사람

같지만 속에 하나님의 생명이 없는 사람은 사람이 아닌 육체(창6:3)이다. 정확하게 말하자면 거듭나지 않은 사람은 생명력이 없는 무중력이라는 말이다. 하나님의 생명이 들어 와야 생명력인 중력이 생긴다.

하나님의 '7일 창조의 설계도'의 근본은 생명력이 없는 무중력의 사람을 생명력이 있는 중력의 사람으로 재창조하는 데 있다. 사람 구원이 목적이고 사람을 구원하기 위한 설계인 것이다.

5) 무중력의 증거

셋째 날 중력을 창조하시기 전까지는 지구는 전혀 무게가 없는 무중력이었다는 성경의 증거를 실제적 사실로 믿고 받아들이기는 쉽지 않다. 지구가 둘째 날까지는 무중력이었다는 것은 성경만의 증거일 뿐 누구도 체험해보지도 못했고, 또 다른 증거도 전혀 없기 때문이다.

셋째 날 전까지는 지구가 무중력이었다는 사실은 하나님의 계시가 아니고서는 바벨론 포로 시절의 사람들은 물론 모세도 성경에 기록할 수 없다. 중력은 셋째 날 이후 지금까지 항상 지속되고 있기 때문에 누구도 체험해보지도 못한 둘째 날까지만의 지구의 무중력을 입증하는 것은, 하나님의 실존성은 물론 성경의 계시성을 증거하는 것은 절대적으로 중요한 문제다.

a. 증발론

둘째 날에 궁창 아래의 물과 위의 물로 나누셨다는 말은 그 전에는 물이 나눠지 않았다는 말이므로 둘째 날 전까지는 증발하지 않아 나누어 지지 않았다는 말이다. 물이 수증기로 증발한다는 것은 물이 가벼워져서 올라간다는 말이므로 중력이 없으면 물과 수증기가 다 같이 질량의 차이가 없이 '0' 이므로 증발할 수 없다. 물이 증발하지 않았다는 것은 무중력이라는 말이다. 물의 '나누다' 를 증발 현상으로 해석할 수 없게 성경이 기술하는 것은 둘째 날까지는 지구의 물이 증발할 수 없는 무중력임을 증거하고 있는 것이다.

b. 용암(magma)

지구가 태양에서 떨어져 나온 불덩어리가 냉각된 것이라는 진화론적 논리를 뒷받침할 수 있는 가장 확실한 증거로 제시하는 것이 용암이다. 지금도 지구 속에는 불이 있어서 화산이 폭발하고 뜨거운 용암이 흘러나오기 때문이다. 태양에서 떨어져 나온 불덩어리인 지구가 표면이 먼저 냉각하여 현재의 환경이 됐어도 속은 아직도 뜨거운 용암이라는 논리는 합리적 설명일 수 있다.

용암에 관한 이러한 설명이 아무리 합리적이라고 해도 이것이 다른 모순 된 모든 지구 형성에 관한 진화론의 논리를 정당화할 수 있는 것은 아니다. 다른 논리가 모순이라면 용암에 관한 진화론의 논리도 자기 자의적 가정과 해석일 뿐 사실일 수 없다. 그럼에도 창조론을 믿는다는 그리스도인들마저 내심 이러한 진화론적 논리에 수긍하는 것은, 첫째 날 지구를 흑암으로 창조하시면서 지구 속에 불은 넣었다고 해석할 수 있는 요소가 없기 때문일 것이다.

그렇다면 지구 속의 뜨거운 용암을 창조론적으로는 언제 하나님이 불을 넣으셨다고 해석할 수 있느냐가 문제이다. 중력은 에너지고 에너지는 불이다. 무중력이란 에너지가 전혀 없다는 말이다. 따라서 무중력인 지구 속에 불은 존재할 수 없다. 그러나 하나님이 지구에 에너지인 중력을 창조해서 넣으셨다는 것은 중력과 함께 에너지인 불을 창조하여 지구 속에 넣으셨다고 해석해서 크게 무리가 없을 것이다.

c. 지하수

지하수는 두 종류다. 지표에서 스며든 물과 심층수다. 지표의 물은 5m 이상은 스며들 수 없다고 한다. 심층수는 담수(淡水)로 함수(鹹水)가 아니다. 따라서 심층수는 빗물이 스며든 것이 아니다. 어떻게 지구 전체에 걸쳐 많은 심층수가 광범위하게 골고루 분포되어 매장되어 있을까?

성경적으로는 명백하다. 셋째 날 중력이 창조되기 전까지는 무중력이므로 물 위에도 땅이 얹혀 있었을 것이다. 이런 상태에서 중력이 창조되어 땅 아래 있던 물이 지하에 갇히게 된 것이 심층수다. 만일 성경의 증거대로 먼저 무중력으로 창조된 후 중력이 창조된 것이 아니고 중력이 있는 진화론적으로 형성된 지구에서라면 원칙적으로는 심층수는 있을 수 없다.

첫째, 진화론적인 지구의 냉각과정에서는 지표가 굳기 전 100°C 이상일 때 이미 지구 속의 물은 다 증발해서 표출됐기 때문이다. 군고구마는 겉에서 가열하기 때문에 껍질이 굳고 말라도 속에 습기가 있지만, 속에서 가열하면 속에서부터 수분이 증발하여 겉보다 속이 먼저 마른다. 따라서 진화론적인 지구 형성론으로는 지표가 냉각되어 굳기 전에 땅 속의 물은 전부 증발하기 때문에 심층수는 전혀 형성될 수 없다.

둘째, 담수가 고여 있는 상태에서 지반이 밑으로 가라앉으면서 흙이 덮여야 심층수가 매장될 수 있다. 물통에 물을 붓고 뚜껑을 덮는 경우처럼 많은 예외적인 조건하에서만 가능하고, 흙이 덮이는 순간부터 물이 위로 오르게 되므로 실제로는 불가능하다. 어떻게 아주 특별한 예외적인 조건하에서만 가능할 수 있는 심층수가 전 세계적으로 골고루 분포되어 있을 수 있는가. 이런 과정으로 현재와 같은 심층수가 형성될 수 있는 확률은 '0%' 에 가까울 만큼 불가능하다.

현재와 같은 심층수의 분포는 보편타당한 합리적인 과학의 논리로는 설명이 불가능하다.

셋째, 육지의 심층수도 진화론적 지구 형성론으로는 설명이 불가능하다면 해저 심층수의 불가성은 논증의 필요성조차 없다. 해저의 심층수는 셋째 날의 중력창조로만 설명이 가능하다. 상당한 양의 물을 궁창 위로 끌어올린 상태에서 중력이 창조됐으므로 지금의 바다 속의 많은 부분이 지하에 심층수가 매장된 육지였을 것이다. 나중에 노아의 홍수로 물이 많아져 바다가 높아져서 해저 심층수가 된 것이다.

6) 물막 브루딩(brooding)

첫째 날 하나님은 중력이 없는 지구로 창조하셨기 때문에 지구를 브루딩(창1:2)하고 계셨다.

둘째 날 물막을 만드신 후에는 지구뿐 아니라 물막도 브루딩하고 계셔야 한다.

셋째 날에는 중력을 창조하셨기 때문에 지구는 브루딩하실 필요가 없게 됐다. 물막이 쏟아지지 않도록 둘째 날 올려놓으셨던 위치에 그대로 있도록 물막만 브루딩하고 계신다.

7) 하나님의 보시기에 좋았더라

'7일 창조의 설계도'의 중요한 요소 중의 하나가 하나님이 스스로 평가하시는 '하나님의 보시기에 좋았더라'의 유무의 문제다. 하나님의 창조에 '하나님의 보시기에 좋지 않더라'란 있을 수 없겠지만 '하나님의 보시기에 좋았더라'가 없는 것은 '하나님의 보시기에 좋았더라'로 바꾸어야 하는 과정으로 창조하신 것이다. '하나님의 보시기에 좋았더라'는 중력의 지구이지 무중력의 지구가 아니다.

• 창조의 설계

전지전능하시고 절대선 절대의이신 하나님이 간단하게 첫째 날 지구를 창조(창1:1)하실 때부터 하나님의 보시기에 좋은 중력이 있는 상태로 창조하시지 않고, 복잡하게 무중력으로 창조하셨다가 다시 셋째 날에 중력을 창조하신 데에는 충분한 이유가 있어야 한다.

첫째, 셋째 날에 중력을 창조하신 것은 첫째 날 창조한 지구가 무중력(창1:1-2)이라는 것과 셋째 날의 중력창조가 이 무중력(창1:2)을 재창조하는 것이라는 두 가지 점을 강조하기 위함이다. 갭이론은 첫날의 지구 창조를 잘못 해석한 것일 뿐 아니라 둘째 날의 물막과 셋째 날의 중력창조까지의 처음 3일 간의 창조를 다 성경적으로 잘못 해석하는 것이다.

둘째, 첫날 창조하신 지구를 절대적으로 중력을 필요로 하게 창조하셔야만 하셨기 때문이다. 하나님의 '7일 창조의 설계도' 는 타락(창3:6)하여 성령으로 거듭나야 할 심령이 혼돈한 인간의 '구원의 설계도' 이기 때문이다.

셋째, 하나님의 7일 창조는 '무중력' 의 지구를 '중력' 으로 재창조하는 것이 목적이지 처음부터 중력으로 창조하시는 것이 목적이 아니기 때문이다. 하나님은 사람을 하나님의 형상대로 아담을 창조(창1:27)하셨다. 그러나 하나님의 아담창조의 목적은 아담이 아니라 심령이 갈급하여 혼돈한 아담의 후손이다.

넷째, 하나님의 보시기에 좋은 것이 아닌 첫째 날 창조하신 무중력의 지구의 중력을 둘째 날 창조하시지 않고 셋째 날에 창조하신 것은, 무중력의 지구가 중력으로 재창조되려면 반드시 둘째 날의 물막을 통과해야만 하기 때문이다. 심령이 무중력 상태의 혼돈한 인간이 지구 속에 창조하신 불인 성령으로 임마누엘(요3:5)하여 질서의 중력으로 거듭나려면 반드시 십자가(마16:24)을 통해야 하는 것이 '7일 창조의 설계도' 이기 때문이다. 그래서 하나님은 하루 종일 고민하시다가 노아의 홍수로 심판하실 물막(창1:6-8)을 창조하셨다.

다섯 째, 하나님의 천지 창조의 유일한 목적은 영원한 천국에 하나님의 나라를 완성하시는 데만 있다. 그리고 하나님이 천국을 완성하시는 데는 반드시 육신의 인간을 통해서만 가능하다. 하나님은 육신의 인간의 영혼을 얻기 위해 천지를 창조하셨다. 그래서 하나님이 창조하신 지구, 땅, 흙은 육신의 인간을 계시하도록 설계하시어 그 상태를 구원 받을 인간의 심령으로 혼돈하고 공허하여 심령이 흑암한 상태로 설계하신 것이다. 심령이 중력의 창조로 땅 속에 불을 넣으심 같이 무중력인 혼돈한 인간의 심령에 성령의 '임마누엘' 로 질서의 하나님과 같은 사람이 되어야 한다.

여섯 째, 둘째 날의 물막과 셋째 날의 중력의 창조는 하나님의 '7일 창조의 설계도' 의 핵심 '키' 다. 이 '키' 를 성경적으로 올바로 정립하지 못하면 하나님의 '7일 창조의 설계도' 인 창세기 1장의 해석은 가능하지 않다. 창세기 1장을 잘못 해석하고서는 신구약 66권의 어느 부분도 올바로 해석할 수 없다.

첫째날	둘째날	셋째날
땅	물막	중력
	홍수	
혼돈 ——→		질서
	심판	
공허		
	십자가	
흑암		
	침례	
빛A		

2. 식물 창조

하나님이 가라사대 땅은 풀과 씨 맺는 채소와 각기 종류대로 씨 가진 열매 맺는 과목을 내라 하시니 그대로 되어 땅이 풀과 각기 종류대로 씨 맺는 채소와 각기 종류대로 씨 가진 열매 맺는 나무를 내니 하나님의 보시기에 좋았더라. 저녁이 되며 아침이 되니 이는 셋째 날이니라.(창1:11-13)

1) 말하다 אמר

첫 단어가 빛과 물막과 중력을 창조하실 때와 같이 '가라사대'(אמר)이다. 세상의 모든 식물을 창조하셨다.

2) 내다 דשא dasha, 다샤

하나님은 식물을 창조하시면서 하나님이 창조하셨다거나 만드셨다고 하시지 않고 땅이 모든 식물을 내라고 말씀하신다. 이 '내다' דשא는 돋아나다, 싹트다, 풀이나다의 의미다. 마치 하나님이 말씀하시니까 땅에서 식물들이 싹이 나고 자라서 솟아오르는 것처럼 땅에게 각종 식물을 내라고 말씀하신다. 하나님이 사람(창2:7)과 동물(창2:19)을 흙으로 지으신 것은 그 근본이 흙이며 흙으로 돌아가야 하는 것과 같이 식물도 흙으로 지으셨기 때문에 근본인 땅으로 돌아가야 한다는 것을 '땅은 각종 식물을 내라' 고 하신 것이다.

3) 각기 종류대로

하나님은 풀과 각기 종류대로 씨 맺는 채소와 각기 종류대로 씨 가진 열매 맺는 나무를 창조하셨다.

• 창조의 설계

하나님이 식물을 종류대로 창조하셨다는 것은 종(種)과 종간이 구별되는 고유의 속성을 갖도록 창조하신 것만이 아니라 같은 종 내에서도 각기 다르게 창조하셨다는 말씀이다. 진화론적으로는 하나의 단세포 생명체가 진화된 것이기 때문에 어떤 식물이든 DNA만 일치하면 완전히 같은 생명체다.

그러나 창조론적으로는 아무리 DNA가 완전히 일치해도 식물은 각기 종류대로 창조하셨기 때문에 같은 생명체가 아니다. 한 나무의 잎은 DNA는 완전히 같지만 모양이 똑같은 두개의 잎은 세상에는 없다. 한 콩깍지 속에 들어 있는 콩도 DNA는 완전히 일치하지만 크기나 색깔과 모양뿐 아니라 맛이 같은 두개의 콩은 없다. 이런 하나님의 창조의 설계를 주님께서는 "오늘 있다가 내일 아궁이에 던지우는 들풀도 하나님이 이렇게 입히신다."(마6:30)라고 말씀하시는 것이다.

a. 식물의 진화

진화론자들은 동물의 진화에 관해서는 물고기가 조류로, 조류가 포유류로, 포유류에서 사람으로 진화했다는 여러 진화의 단계를 제시하면서도 식물의 진화에 관해서는 다양한 진화의 단계들을 제시하지 못하고 있다. 특히 먹이 사슬로는 동물은 식물이 없으면 존재할 수 없으므로 진화론적 논리대로라면 동물은 식물에서 진화했어야 한다. 그러므로 식물에서 동물로의 진화가 가장 동물 진화의 근본 핵심이어야 함에도 진화론은 이에 대한 실제적인 뚜렷한 증거는 제시하지 못하고 있다. 식물과 동물의 중간체가 존재하나?

b. 침엽수

식물의 진화의 증거로 제시하는 몇몇 대표적인 사례 중의 하나가 침엽수다. 본래 태양에서 떨어져 나온 불덩어리가 냉각되는 과정에서 지구에는 아열대성 식물들인 활엽수만 서식했다는 것이다. 차츰 극지방부터 추워져 한대 지방이 되면서 살아남기 위한 적자생존(適者生存)의 법칙에 의해 수분을 덜 증발하는 침엽수로 진화했다는 것이다. 상당히 합리적인 논리로 보여 심지어 그리스도인 가운데서도 이를 당연한 진리로 받아들이고 있는 것이 사실이다.

태평양 한가운데 적도 부근에 있는 외딴섬 괌에는 활엽수뿐 아니라 침엽수도 상당히 많이 서식하고 있다. 진화론적 논리대로라면 지구가 형성된 이래 한시도 아열대성 기후에서 벗어나보지 못한 이 섬에 어떻게 많은 침엽수들이 서식하고 있을까? 항상 아열대성 기후였으므로 활엽수가 침엽수로 진화했을 리도 없고, 그렇다고 한대 지방에서 몇 년 동안 떠내려 와 이곳에 서식했을 가능성도 전혀 없다고 봐야 한다. 이 섬 전체에 걸쳐 넓게 분포되어 서식하고 있는 이 침엽수들에 관해 진화론자들이 설명할 수 있는 유일한 방법이 있다면, 오래 전에 한대 지방 사람이 의도적으로 이 나무의 씨를 가져다가 이식했다고밖에 할 수 없다.

만약 이러한 가정이 사실이라고 해도, 진화론적으로는 아열대 지방에서의 침엽수는 수분을 충분히 증발시킬 수 없어 썩어 죽었던지 아니면 침엽수가 활엽수로 진화됐어야 옳다. 침엽수들이 썩지도 않고 잘 서식하고 있을 뿐 아니라 침엽수에서 활엽수로 진화하고 있는 과정의 나무도 없다. 하나님이 성경의 증거대로 식물들을 자기의 고유의 속성을 갖게 활엽수는 활엽수로 침엽수는 침엽수로, 각기 종류대로 창조하신 것이지 활엽수가 침엽수로 진화한 것이 아니다.

4) 씨 가진 열매 맺는 과목

하나님은 "씨 가진 열매 맺는 나무를 내라 하시니 그대로 되어" 에서처럼 당장 따 먹을 수 있는 이미 다 자란 상태의 과목인 '나무' 를 창조하셨지 '씨'를 창조하셔서 그걸 심게 하여 열매를 맺도록 하시지 않았다. 사람을 창조하신 것도 마찬가지다. 아기를 먼저 창조하신 게 아니라 어른을 창조했다. 식물을 창조하시든 동물을 창조하시든 모든 만물을 이미 성장한 상태로 창조하신 것이다. 이것이 하나님의 일관된 창조 원리다.

• 닭이 먼저

닭이 먼저인지 달걀이 먼저인지에 관한 해묵은 논쟁의 실제는 창조론과 진화론의 논쟁이다. 진화론적 논리로는 달걀이 먼저이다. 단세포 생명체가 점점 진화되어 사람이 되었다는 것처럼 알에서 병아리가 부화하여 어미 닭이 되어가는 것이다. 반면에 창조론의 논리는 달걀이 먼저가 아니라 닭이 먼저이다. 하나님의 생명체 창조의 원리는 항상 충분히 성장한 상태로 종류대로 창조하시지 식물의 씨나 동물의 알이나 새끼로 창조하시지 않는다. 하나님의 창조 원리와 진화론의 논리는 정반대다.

5) 내재년수(內在年數)

하나님이 최초에 창조하신 상태는 이미 충분히 나이가 들어 성장한 상태로 창조하셨다. 스스로 나이를 갖고 있는 상태로 창조하셨다는 뜻이다. 지금 우리가 보는 나이와 실제 나이가 다르다는 의미이다. 예를 들어 우리가 볼 때 아담은 서른 살의 어른쯤으로 보이지만 실제 나이는 한 살이다. 즉 30년이 된 상태로 창조하신 것이다. 그것을 신학적으로 '내재년수' 라고 한다. 이때의 아담의 '내재년수' 는 30년이다.

a. 지구의 나이

진화론적으로는 지구가 태양으로부터 50억 년 전에 떨어져 나왔다고 하니 지구의 나이는 50억 년이다. 그리고 이러한 주장을 뒷받침하는 증거로 탄소동위원소 측정법에 의해 검증된 증거물로 수억만 년 됐다는 화석을 제시하기도 한다. 그러나 이는 지구의 나이를 증거할 수 있는 과학적 증거물이 될 수 없다. 이런 측정법에 의한 측정 결과는 과학적으로 그 정확성을 전혀 인정할 수 없다. 불과 2백여 년 전부터 형성되기 시작한 미국 워싱턴에 있는 석회석 수정이 탄소동위원소 측정법으로 측정하면 수억 년 된 것으로 측정 된다.

성경적으로는 지구도 인간도 창세기 1장에 태어났다. 지구의 역사와 인류의 역사가 같다. 짧게는 6천년 길게는 2만년 정도라고 해야 옳다. 그리스도인 가운데서도 진화론적인 증거가 과학적 사실인 것으로 믿어 성경적 지구의 나이를 믿지 못한다면, 그는 '내재년수' 에 관한 신학적 원리에 무지해서일 것이다. 하나님은 닭은 1년,

어떤 나무는 100년 또 어떤 화석은 수억 년 등 온 우주 만물을 창조하실 때 모두 이미 '내재년수' 를 갖고 있는 상태로 창조하셨다.

b. 인류의 연대

연대 측정에 관한 논쟁이 많으나 사실 연대를 가지고 논쟁할 필요는 없다. 성경적으로 아담으로부터 이어지는 인류의 연대를 정리하면 지구의 나이를 정확히 계산할 수 있을 것으로 생각하기 쉽다. 그러나 아무리 성경에 기록된 인류의 연대를 정확히 정리해도 지구나 인류 역사의 연대는 알 수 없다. 성경은 우리가 정확히 연대를 측정할 수 있도록 기록되어 있지 않기 때문이다. 성경은 결코 연대에 초점을 맞춰서 쓴 책이 아니다.

성경은 연대를 측정하기 위해서 또는 족보를 쓰기 위해서 모든 사람을 기록한 것이 아니다. 예수님의 족보도 마태복음과 누가복음의 족보가 다르다. 마태복음의 족보는 마태복음의 기록 목적에 맞는 인물들을, 누가복음의 족보는 누가복음의 기록 목적에 맞는 인물들을 따라 선택한 인물들의 이름이기 때문에 이름들이 다르다. 만약 연대를 맞추기 위해 모두 기록하려면 이름만 써도 성경지면이 모자랄 것이다. 결국 아담에서 시작해 예수그리스도까지 내려오는데 성경의 기록 목적에 맞게 어떤 인물을 선택하느냐에 따라 달라지는 것이다. 이와 같이 성경은 모든 인물을 반드시 다 기록하는 것이 아니라 필요한 인물만 기록한 것임을 바로 알아야 한다.

d. 아담의 아들들

성경은 신구약 전체를 통해서 아담이 최초의 사람이라고 증거하고 있음에도 아직도 여전히 아담 전에 사람이 있었다는 생각에서 자유롭지 못하고 있는 근본 이유는 여전히 2절의 갭이론에 잡혀 있기 때문이다. 갭이론을 정확히 정립하지 못한 사람에게는 가인이 다른 사람에게 죽임을 당할 것을 두려워하여 "내가 땅에서 피하여 유리하는 자가 될지라. 무릇 나를 만나는 자가 나를 죽이겠나이다."(창4:14)라고 한 말이 문제이다. 가인과 아벨만 있다가 아벨이 죽어 부모 외에는 아무도 없는데 다른 사람이 자기를 죽일 것을 어떻게 두려워했느냐는 것이다. 그래서 아담 전에 사람이 있었다고 해석한다.

첫째 하와가 가인을 낳고 "내가 여호와로 말미암아 득남하였다." (창4:1)라고 한 것으로 보아 문맥으로는 가인이 아담의 첫째 아들이라고 해석하는 것은 타당하다. 그러나 조금 더 생각해 보면 가인의 형이 있었을 수도 있다. 성경에 가인이 첫째 아들이라고 쓰여 있지 않기 때문이다. 달리 생각하면 가인이 첫째 아들이 아니라 이 사건에 연루된 가장 윗 형이 가인이기 때문에 가인의 출생을 기록한 것일 수도 있다.

두 번째 생각할 것은 아벨이 가인의 바로 밑의 동생인지에 관한 의문이다. 바로 아래 동생이 아벨일 수도 있고 가인과 아벨 사이에 형제가 많을 수도 있다. 그러나 그 중에서 오직 이 사건에 연루된 이가 가인과 아벨뿐이라고 보는 것이 가장 합리적 해석이다. 셋의 출생을 성경은 "아담이 다시 아내와 동침하매 그가 아들을 낳아 그 이름을 셋이라 하였으니 이는 하나님이 내게 가인의 죽인 아벨 대신에 다른 씨를 주셨다."(창4:25)라고 기록한다. 마치 아벨의 바로 아래 동생이 셋인 것처럼 해석할 수 있다. 만일 아벨이 30살에 죽었다면 아담과 하와는 아벨을 출산한 후 셋이 태어날 때까지 30년 이상 전혀 자녀를 낳지 않았어야 한다.

세 번째 생각할 것은 하나님이 아담을 창조하셨을 때는 세상에 아담과 하와밖에 없다. 그래서 '생육하고 번성하라' 라고 말씀하셨다. 그렇다면 하나님은 아담이 거의 매년 자녀를 낳게 역사하셨다고 보아야 합리적이다. 그런데 아벨이 장성해서 죽을 때까지 전혀 자녀를 낳지 않고 있다가 아벨이 죽은 후에야 셋을 출산했다는 것은 합리적인 해석이 아니다. 오히려 아벨과 셋 사이에 많은 형제들이 있었지만 아벨 사후에 첫 번째로 출산한 아들이 셋이라는 것이 더 합리적 해석이다.

e. 아담 당대의 인구

아담이 930세(창5:5)에 죽은 당시의 인구는 성경적으로 계산해보면 믿기지 않을 만큼 많다. 먼저, 야곱은 130세(창47:9)에 애굽으로 이주했고 애굽에 내려간 지 430년 후(출12:41)에 출애굽을 했다. 그러니까 야곱의 출생에서 출애굽까지의 기간이 모두 560년이다. 그리고 출애굽한 이스라엘은 남자 장정만 60만(민1:46)이 넘는다. 모두 야곱 한 사람의 자손들이다. 야곱 한 사람이 560년 동안에 장정만 60만이 된 것이다.

출애굽할 때의 수명은 많이 살아야 70-80세(시90:10)지만 아담 당대에서는 900세 이상씩 살았다는 점을 감안하지 않아도 이러한 성경적 근거로 계산하면, 아담이 930세로 죽을 때 지구상에는 남자 장정만 100억 명 이상 있어야 한다. 따라서 가인의 걱정이란 한 아버지가 낳은 자식이 무수한 상황에서 누군가 자신을 죽일까 겁을 내고 있는 것임을 알 수 있다.

6) 하나님의 보시기에 좋았더라

하나님은 먼저 중력을 창조하신 다음에 식물을 창조하셨다. 무중력의 땅에서는 식물이 살 수 없다. 땅에 에너지인 중력을 창조하신 다음 식물을 창조하신 것이다. 식물의 생명력의 근원은 에너지인 중력의 땅이다. 그래서 흙으로 지으시고 흙으로 돌아가라는 것이다.

모든 생명체의 근본은 식물이다. 식물이 없으면 동물은 존재할 수 없도록 먹이사슬을 설계하셨다. 그래서 식물을 먼저 창조하신 다음에 동물을 창조하셨다.

• **창조의 설계**

하나님은 첫날 지구를 하나님의 보시기에 좋게 하시지 않고 ‘혼돈과 공허와 흑암’ 의 무중력으로 창조하셨다. 그래서 셋째 날 중력을 창조하시어 하나님이 보시기에 좋은 질서의 지구가 되게 하셨다. 하지만 지구상에는 아직도 생명체가 전혀 없기 때문에 공허하기만 했었다. 그러다가 생명의 근원인 식물을 창조하시어 전 지구에 서식하게 하셔서 모든 생명체가 살 수 있는 아름다운 지구가 됐다.

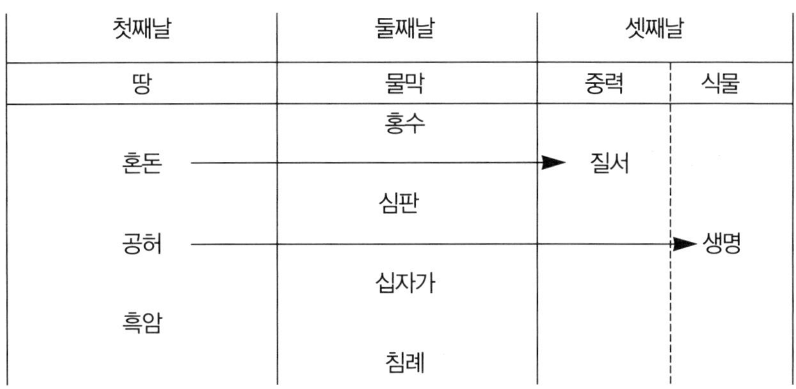

4장.

넷째 날

하나님이 가라사대 하늘의 궁창에 광명이 있어 주야를 나뉘게 하라. 또 그 광명으로 하여 징조와 사시와 일자와 연한이 이루라. 또 그 광명이 하늘의 궁창에 있어 땅에 비취라 하시고(그대로 되니라.) 하나님이 두 큰 광명을 만드사 큰 광명으로 낮을 주관하게 하시며 작은 광명으로 밤을 주관하게 하시며 또 별들을 만드시고 하나님이 그것들을 하늘의 궁창에 두어 땅에 비취게 하시며 주야를 주관하게 하시며 빛과 어두움을 나뉘게 하시니라. 하나님의 보시기에 좋았더라. 저녁이 되며 아침이 되니 이는 넷째 날이니라.(창1:14-19)

1) 말하다 אמר

첫 단어가 빛과 물막과 중력과 식물을 창조하실 때와 같이 '가라사대' 이다. 온 우주 안에 있는 모든 천체를 창조하신 것이다.

2) 천체 창조

첫날의 천지창조(창1:1)를 온 우주 만물의 창조로 해석하면 넷째 날의 천체창조는 없어야 한다. 지구를 제외한 온 우주 만물의 창조다.

• 창조의 설계

첫날의 천지창조(창1:1)를 제목설로 해석할 수 없다. 넷째 날의 천체창조는 창세기 1장 1절에서 지구가 창조됐다는 전제 아래서의 창조다.

3) 지구를 위한 천체

첫날에 제일 먼저 지구를 창조하신 후 모든 천체를 창조하신 것은, 몇 천 억 광년이나 멀고먼 어마어마하게 광활한 우주와 그 안의 모든 천체들도 다 지구를 위해 존재하도록 설계하셨다는 말씀이다.

• 창조의 설계

지구의 주야를 위해 "하나님이 가라사대 하늘의 궁창에 광명이 있어 주야를 나뉘게 하라."고 하시고, 지구의 사계절을 위해 "그 광명으로 하여 징조와 사시의 일자와 연한이 이루라."고 하시며, 땅을 밝게 하기 위해 "또 그 광명이 하늘의 궁창에 있이 땅에 비취라"고

하시는 것이다.

지구의 체적의 100배가 넘는 태양과 그 주위의 공전하는 9개의 행성들 중의 하나인 지구 존재의 의미는 보잘 것이 없다. 더구나 몇 천억 광년이나 떨어져 있는 광활한 우주와 그 수를 헤아릴 수 없이 많고 또 항성들의 크기에 비하면 지구는 먼지털보다도 보잘 것 없는 존재다. 그래서 진화론적 지구형성론이 인정을 받은 것이다.

그럼에도 불구하고 하나님은 이 모든 천체가 지구를 위해 존재하도록 설계하시고 창조하셨다. 지구가 온 우주 만물의 중심이라는 것이다. 이를 증거하신 첫 번째가 온 우주 만물보다도 지구를 제일 먼저 창조(창1:1)하신 것이다. 그리고 본문에서와 같이 온 우주 만물은 오직 지구를 위해서만 존재하고 있다. 그래서 온 우주 만물을 폐하실 때에도 땅(地)과 하늘(天)이 간 데 없다(계20:11)라고 하시는 것이다. 하나님의 '7일 창조의 설계도' 는 지구가 온 우주 만물의 중심이다.

지구 전체에 걸쳐 생명체가 가장 넓게 효과적으로 서식할 수 있는 과학적인 최적에 조건은 현재와 같이 태양과의 거리를 유지하며 지축이 23.5도 기울어진 상태로 하루에 한번 자전하고, 일년에 한번 공전하는 것이다. 지축이 0.5도만 더 기울거나 덜 기울어서도 절대 안 된다고 한다. 지혜의 근본이신 하나님의 놀라운 설계다. 그러나 현재의 지구가 갖추고 있는 조건을 우연의 일치로 충족시킬 수 있는 진화론적 가능성은 확률적으로도 '0%' 이다. 진화론은 보편타당한 과학적 논리가 아니다.

태양계의 행성 중에서도 유독 지구만이 이렇게 생명체가 서식할 수 있는 완전한 조건을 갖춘 것은 하나님의 정확한 설계가 아니면 절대로 가능하지 않다. 지구를 먼저 창조하셨지만 지구가 현재와 같이 나중에 창조하신 태양을 공전하게 설계하신 것이지, 지구가 태양에서 떨어져 나온 것이 아니다.

4) 광명 אור

넷째 날에 하나님은 해와 달을 창조하시면서 해와 달이라고 하지 않고 '큰 광명' 과 '작은 광명' 이라고 하여 철저하게 '빛' 을 창조하신 것으로만 말씀한다.

• 창조의 설계

만일 넷째 날의 창조를 이와 같이 '빛' 으로 말씀하시지 않고 해와 달의 '광원' (光源)으로 말씀하시면 첫째 날 창조하신 '빛A' 의 '광원' 과 넷째 날 창조하신 '빛B' 의 '광원' 이 다르므로 '빛A' 와 '빛B' 는 질적으로 다른 '빛' 이 된다.

첫째 날 창조하신 '빛A' 와 넷째 날 창조하신 '빛B' 는 '광원' 은 다르지만 질적으로 완전히 동일한 물리적 '빛' 임을 증거하기 위해 광원으로 말씀하시지 않고 '빛' 으로만 말씀하셨다. 이렇게 '빛A' 와 '빛B' 가 완전히 같은 물리적인 '빛' 이기 때문에 '빛A' 가 비춰고 있는 셋째 날에 창조된 식물이 넷째 날 이후에도 그대로 살아 있(창 1:29)다. 광원이 달라도 빛이 같기 때문이다.

"하나님은 빛이라."(요일1:5)라고 했다. 성부와 성자와 성령 하나님은 능력(요14:28)과 인격(마26:39)과 몸(마24:36)이 전혀 다른 별개의 속성을 갖고 있는 세 분이지만 분리할 수 없는 하나(요10:30)의 상태로 존재하시어야 하기 때문이다.

5) 두 빛

하나님은 전능하시어서 첫째 날에 온 우주 만물을 창조하시어 '빛A' 가 필요 없이 '빛B' 하나만 있게 설계하실 수 있다. 그럼에도 복잡하게 '빛A' 와 '빛B' 로 설계하셨다.

• 창조의 설계

하나님은 빛이 둘이 있어야만 한다.

첫째는 성령 하나님이 두 분이시어야 하기 때문이다. "만일 너희 속에 하나님의 영이 거하시면 너희가 육신에 있지 아니하고 영에 있나니 누구든지 그리스도의 영이 없으면 그리스도의 사람이 아니라.”(롬8:9)의 말씀과 같이 하나님의 영과 그리스도의 영이 계셔야 하기 때문이다. 그래서 주님께서도 “내가 아버지께 구하겠으니 그가 또 다른 보혜사를 너희에게 주사.”(요14:16)라고 하심 같이 아버지의 영 외에 다른 보혜사이신 그리스도의 영을 주시겠다고 말씀하신 것이다.

둘째는 성경이 둘이어야 하기 때문이다. 하나님이 인간을 구원하시기 위해 계시하실 성경은 구약과 신약의 둘이어야 하기 때문이다. 유대교는 구약 39권만을 정경으로 인정하고 기독교의 신약을 인정하지 않지만, 분명히 구약 성경은 “보라 날이 이르리니 내가 이스라엘 집과 유다 집에 새 언약을 세우리라.”(렘31:31)라고 약속하셨음과 같이 반드시 신약이 있어야 한다. 그래서 하나님이 시내산에서 계명을 기록해서 모세에게 주신 돌판이 둘이어야 하는 것이다.

셋째는 성전이 둘이어야 하기 때문이다. 하나님께서는 모세(출25-31장)와 솔로몬(왕상7장)이 지은 건물 성전과 또 하나는 “예수는 성전 된 자기 육체를 가리켜 말씀하신 것이라.”(요2:21)라는 주님의 말씀과 같이 육신의 성전이 있어야 하기 때문이다.

6) 광원의 위치

‘빛A’ 와 ‘빛B’ 는 질이 같지만 광원의 위치는 다르다. ‘빛A’ 의 광원은 우주 밖에 '빛B' 의 광원은 우주 안에 있다.

• 창조의 설계

아담과 하와의 심령에서 떠나신 구약에서의 하나님은 엘로힘적으로든 여호와적으로든 "내가 그들의 남편이 되었어도 내 언약을 파하였음이니라."(렘31:32)라고 하심 같이 구약에서의 성령 하나님은 항상 인간의 몸 밖에 계시면서 역사하신다.

이러시던 하나님께서 "그러나 그 날 후에 내가 이스라엘 집에 세울 언약은 이러하니 곧 내가 나의 법을 그들의 속에 두며 그 마음에 기록하여 나는 그들의 하나님이 되고 그들은 내 백성이 될 것이라. 그들이 다시는 각기 이웃과 형제에게 이르기를 너는 여호와를 알라 하지 아니하리니 이는 작은 자로부터 큰 자까지 다 나를 앎이니라. 내가 그들의 죄악을 사하고 다시는 그 죄를 기억지 아니하리라."(렘31:33-34)라고 하심 같이 직접 인간의 심령 속에 들어오셔야 하기 때문이다. 이를 주님께서는 "내가 아버지께 구하겠으니 그가 또 다른 보혜사를 너희에게 주사 영원토록 너희와 함께 있게 하시리니 저는 진리의 영이라, 세상은 능히 저를 받지 못하나니 이는 저를 보지도 못하고 알지도 못함이라. 그러나 너희는 저를 아나니 저는 너희와 함께 거하심이요 또 너희 속에 계시겠음이라."(요14:16-17)라고 하셨다. 이렇게 신약의 보혜사 성령 하나님은 인간의 심령 속에 들어

오서서 역사하시는 것이다.

7) 나누다 בדל

본문에서의 '나누다' בדל는 빛과 어두움(창1:4), 그리고 물과 물(창1:6)을 물막으로 나누는 것과 동일한 단어다. 하나님은 첫날에 빛을 창조하시고 이미 빛과 어두움, 낮과 밤을 나누(창1:4-5)셨다. 그런데 새삼스럽게 또 낮과 밤을 나누신다.

• 창조의 설계

지금까지 '빛A' 가 비취고 있었던 것과 지금부터 '빛B' 가 비취는 것이, 빛도 어두움도 완전히 동일하다는 말씀이다. 하나님의 창조기사는 이런 당연하게 여겨지는 문제까지도 세세히 확인한다. 성경은 일점일획도 오류가 없는 완전한 하나님의 말씀이다.

8) 사계절

지구가 창조 된 지가 겨우 3일밖에 되지 않았으므로 사계절이 있을 리 없다. 태양이 창조되기 전까지의 3일 간은 지구가 태양을 공전할 수 없었으므로 사계절이 있을 수 없다.

• **창조의 설계**

넷째 날부터 사계절이 있다고 말씀하고 있는 것이 아니라 원리를 말씀하는 것이다. 노아의 홍수로 물막이 쏟아져 내리기 전까지는 지구에는 사계절이 없다. 천체가 창조되고 노아의 홍수가 있은 후부터 지구에 사계절이 시작된다는 원리의 말씀이다.

9) 임시 빛과 영원한 빛

'빛B' 를 광원인 해와 달로 기록하면 광원이 다른 '빛A' 도 동시에 비치고 있다는 말이 된다. 해와 달을 빛으로만 말씀하심으로 ' 빛A '는 더 이상 비취지 않는다는 말씀이다. 그래서 '빛A' 는 넷째 날 '빛B' 를 창조하시기까지 임시적으로만 비취는 빛이다. '빛A' 는 '빛B' 가 창조될 때까지 임시로만 비취고 있던 빛이라면 '빛B' 는 천지가 없어지(계20:11)기까지는 계속 비취는 빛이다. 그런 의미에서 '빛A' 는 임시적으로 비취는 빛이고 '빛B' 는 영원히 비취는 빛이다.

• **창조의 설계**

삼위일체 하나님은 시공을 초월하시는 초월적 존재이기 때문에 구약 시대에서는 항상 천국에만 계시다가 필요하실 때에만 '빛A' 와 같이 엘로힘적이든 여호와적이든 일시적으로만 성령 하나님으로 세상에 오시고 또 역사하셨다. 그러나 성령이 강림하시어 한번 임마누엘(행2:1-4))하신 신약에서의 성령 하나님은 육신이 죽을 때까지는 '빛B'와 같이 항상 인간의 육신 속(요14:16-17)에 계신다.

10) 작은 광명

셋째 날까지도 낮의 빛은 첫날 이래 항상 있었지만, 밤에는 전혀 빛이 없었다. 그러다가 넷째 날부터는 밤에도 달이며 별의 작은 광명이 비춰게 됐다.

• 창조의 설계

성령이 임마누엘하지 않은 사람과 성령(요3:5)으로 거듭난 사람은 전혀 다르다. 성령으로 거듭나지 못한 사람에게 있어서의 하나님은 피도 눈물도 없는 공의의 심판주 하나님이지만, 보혜사 성령이 내주한 사람은 어떤 경우에도 하나님의 심판을 받을 혹암이 없는 사람이다. 그래서 "항상 기뻐하라. 쉬지 말고 기도하라. 범사에 감사하라. 이는 그리스도 예수 안에서 너희를 향하신 하나님의 뜻이니라."(살전5:16-18)라고 말씀하시는 것이다.

11) 별자리

하나님이 둘째 날 창조하신 물막론과 셋째 날 창조하신 중력론은 신앙적으로나 성경적으로도 대단히 중요한 문제다. 하나님은 전능하시어 세상을 한 순간에 창조하실 수 있으면서도 전능성에 모순되게 6일의 간격을 두고 창조하신 '7일 창조의 설계도' 의 핵심은, 둘째 날의 물막 창조론과 셋째 날의 중력창조론에 있다.

물막과 중력의 창조에 관해서는 성경만이 증거하고 있을 뿐, 유사이래로 아무도 경험해보지도 알지도 못하는 사실이다. 그렇기 때문에 성경적 물막과 중력창조의 사실성을 성경적으로만이 아니라 역사적으로 입증하는 것은 살아 계신 하나님의 존재성과 성경의 무오성(無誤性)을 가장 객관적이고 완전하게 증거하는 문제일 것이다.

• 이성주의

성경에 대한 맹신과 맹종만을 강요했던 중세의 기독교가 반발해서 인간의 이성을 회복하려는 르네상스 운동이 일어났다. 중세까지가 성경에 무지(無知)했던 암흑시대였다면 르네상스 운동 이후부터는 이성이 성경을 지배하는 시대라고 해도 좋을 것이다. 그리고 이러한 인간의 이성을 회복한 결과의 대표적인 산물로 평가하고 있는 것이 다윈의 진화론이다. 이제는 이성지상주의(理性至上主義)에 함몰(陷沒)되어 진화론이 지배하는 비 창조론적 세상이 됐다.

결국 기독교마저도 하나님의 계시의 영적 말씀인 성경을 가시적 결과기준인 인간의 이성으로만 해석하여, 도덕적 교훈집으로 폄하하기에 이르렀다. 그 결과 해방신학으로 대표되는 자유신학이 지배하는 유일신 종교인 기독교가 되어 이제는 사신론을 주장하는 무신 종교의 지경에 이르렀다.

이렇다보니 현대의 기독교는 성경적으로 극단적인 양극체계를 형성해 가고 있다. 성경을 문자적으로 맹신하는 중세의 암흑시대와 같은 '근본주의 신학'과 이성지상주의의 '자유신학'이다. 하지만 결과적으로 이 둘은 도덕적 종교를 그 내용으로 한다는 공통점 때문에 서로가 인정하면서 공존하고 있는 것이 현실이다. 현대의 기독교는 외형상으로는 성경 중심의 교회로 포장하고 있지만 내용상으로는 성경이 없는 교회이다.

• 노아의 홍수

세계 여러 곳에 대홍수의 흔적들이 많이 남아 있기 때문에, 창조론과 진화론의 논쟁의 주제는 주로 대홍수와 관련된 문제들이다. 이러한 흔적들이 지구 전체에 동시에 있었던 해수면이 높아진 성경적인 노아의 홍수의 결과인지, 국부적인 진화론적 대홍수의 결과인지의 문제다. 남아 있는 결과만으로는 누구도 이것들이 해수면이 높아졌던 노아의 홍수의 흔적인지, 진화론적인 국부적인 대홍수의 흔적인지를 구별할 수 없다. 이러한 가시적 결과를 기준으로 해석하는 논쟁으로서는 창조론은 결코 진화론을 승복시킬 수 없다. 진화론은 처음부터 현재 나타나 있는 가시적 결과의 현상들을 인간의 이성에 합당하게 체계적으로 정립했기 때문에 창조론은 진화론에 밀릴 수밖에 없다.

창조론 논증의 근거는 오직 성경이어야 하고 또 성경일 수밖에 없다. 성경만이 근거인 창조론이 성경을 성경적으로 바로 해석하지 못해서, 합리적인 성경적 변증은 하지 못하고 중세의 암흑시대에서나 통하던 '하나님은 전능하시니까' 의 맹신적인 믿음을 좋은 믿음으로 착각해서는 안 된다. 전능하신 하나님이 한 순간에 온 우주 만물을 창조하시지 않고 6일에 걸쳐 창조하신 이유도 '7일 창조의 설계도' 를 정립하지 못하고, 인간이 간섭할 수 없는 '하나님의 절대주권' 이라고 주장하는 것만으로는 신비주의적 성경이고 창조론이라는 오해를 극복할 수 없다.

둘째 날 창조하신 물막론을 확실하게 정립하지 않고서는 해수면이 높아진 노아의 홍수는 합리적으로 논증할 수 없다. 창조론이 대홍수론의 논쟁에서 진화론에 열세인 것은 성경적으로 '7일 창조의 설계도' 로서의 물막론이 아닌 증발론으로 정립해서는 해수면이 높아지게 쏟아진 물의 출처를 '하나님은 전능하시니까' 라는 주장밖에 할 수 없기 때문이다.

• **물막의 위치**

둘째 날 창조하신 물막의 위치가 문제다. 하나님은 지혜의 근본이시므로 필요 이상 높은 곳에 물막을 두시거나 불편하게 너무 낮게도 두지 않으셨을 것이다. 그 위치를 성경이 기술하고 있지 않기 때문에 하나님이 물막의 위치를 결정하시는 필요충분조건들을 합리적으로 생각해봐야 알 수 있다.

첫째, 물막은 노아의 홍수로 다시 땅에 쏟아져야 할 물이다. 그러므로 물막의 위치는 굳이 높은 곳이 아닌, 필요한 최소의 높이로 정하셨을 것이다.

둘째, 물막으로 덮으면 땅에서 안개만 올라와 온 지면을 적시기 때문에 비가 올 필요가 없다. 노아의 홍수 전까지는 히말라야산맥이나 로키산맥과 같은 높은 곳에 눈을 쌓아 건조한 곳으로 물이 흘러내리게 할 필요가 없다.

셋째, 비행기나 인공위성이 있던 때가 아니다. 가장 높이 나는 독수리와 같은 새들이 날아다니기에 지장이 없는 높이면 충분하다. 이렇게 정리해보면 물막은 지금 우리가 보는 가장 높은 구름이 떠있는 정도의 별로 높지 않은 상공에 위치하고 있었을 것이다.

• **물막 브루딩**

첫날 창조하신 지구가 무중력이기 때문에 하나님의 신이 지구를 브루딩(창1:2)하고 계셨다.

둘째 날 물막을 창조하신 다음에는 지구뿐 아니라 물막도 브루딩하고 계셨다.

셋째 날 중력을 창조하신 후부터는 지혜의 근본이신 하나님은 중력이 생긴 지구는 브루딩하실 필요가 없어 이를 푸셨지만, 물막이 둘째 날 두셨던 위치에 그대로 있으면서 지구로 쏟아지지 않도록 물막만 브루딩하셨다.

넷째 날에는 중력이 있는 온 우주 만물을 창조하신 후부터는 지구는 지구대로 지구 쪽으로 물막을 끌어당기고 천체는 천체대로 지구 밖으로 물막을 끌어당기게 된다. 지혜의 근본이신 하나님은 브루딩을 하지 않으셔도 둘째 날부터 지금까지 두셨던 위치에 물막이 그대로 있도록 별들의 위치를 배열하셨을 것이다. 그래서 이제 더 이상 하나님은 물막을 브루딩하지 않으셨을 것이다.

• **무중력**

하나님이 물막을 브루딩하시지 않아도 둘째 날 올려놓았던 위치에 그대로 있으려면, 지구가 물막을 지구 쪽으로 끌어당기는 인력(引力)과 천체가 물막을 지구 밖으로 끌어당기는 인력이 물막이 있는 위치에서 균형을 이루어야만 가능하다. 물막이 있는 위치가 무중력 상태가 아니면 가능하지 않다. 이런 조건을 충족시키려면 넷째 날 창조하신 천체의 '별자리' 는 지금보다도 지구 쪽에 상당히 가깝게 있지 않으면 불가능하다.

• 지구의 인력

지구 자체가 갖고 있는 인력의 총량인 절대중력은 그때나 지금이나 변함이 없겠지만 천체의 '별자리' 가 지구에 가까이 있을 당시 지구의 상대적 인력은 지금에 비해 많이 작았을 것이다. 당시에 1kg이던 돌이 지금은 10kg일 수도 있다.

• 우주 팽창

넷째 날까지의 성경적 창조가 사실이라면, 별자리는 언젠가부터 지구로부터 멀어져서 오늘에 이르렀을 것이다. 천체물리학에서는 지금도 우주가 팽창하고 있다고 한다. 넷째 날 지구에 가깝게 배열하셨던 천체의 별들이 지금도 관성의 법칙대로 지구에서 계속 멀어지고 있는 것이 아닌지 생각해볼 문제다.

지구에 가까이 있던 천체의 별들이 지구로부터 멀어지면, 무중력의 위치도 지구로부터 점점 멀어져서 지금은 수천km 밖이 됐을 것이다. 이렇게 물막이 있던 위치에서 지구의 인력과 천체의 인력이 균형을 이루어 무중력 상태였던 곳의 균형이 우주의 팽창으로 물막을 지구 밖으로 끌어당기는 인력은 점점 약해지고 상대적으로 지구가 물막을 끌어당기는 인력은 강해질 것이다. 그래서 물막이 지구로 쏟아져 내린 것이다. 이것이 노아의 홍수다.

A. 내증

성경은 노아의 홍수의 시작을 "큰 깊음의 샘들이 터지며 하늘의 창들이 열려 40주야를 비가 땅에 쏟아졌더라." (창7:11-12)라고 하고 또 홍수의 끝을 "깊음의 샘과 하늘의 창이 막히고 하늘에서 비가 그치매" (창8:2)라고 기술한다.

a. 깊음의 샘이 터지다

깊음의 샘이 터졌다는 것은 셋째 날 중력창조로 땅 속 깊이에 묻혀 있던 많은 심층수가 터져 나오는 것이다. 엄청난 지각 변동이 일어나고 있다는 말이다. 하나님께서 물막의 물과 깊은 샘에서 솟아오르는 심층수를 담기 위해 바다를 더 깊게 누르시는 것이다. 그래서 태평양 등의 바다는 더 깊어졌고 다른 곳은 얼음으로 물을 산 위에 올려놓게 하기 위해 땅이 솟아올라 높은 산이 됐다.

지질학자 중에는 아프리카 대륙과 남아메리카 대륙은 본래 붙어 있었던 것이라고 생각한다. 그러다가 엄청난 지각 변동으로 갈라졌다는 것이다. 두 대륙의 모양이 그 가능성을 짐작하게 하는 것이 사실이다. 그렇다면 어떻게 그 거대한 대륙이 대서양을 건너 남아메리카에서 아프리카까지 옮겨 갈 수 있다는 설명이 가능할까?

성경적으로는 그 가능성을 상당 부분 설명할 수 있다. 무중력 상태에서 물 위에 떠 있던 아프리카 대륙이 셋째 날 중력이 생겼지만 밑에 물을 깔고 앉은 상태로 심층수 위에 떠 있다가 지각 변동으로 남아메리카 대륙과 갈라져, 배가 물 위로 떠가듯 심층수 위로 떠갈 수도 있었을 것이다.

b. 하늘의 창을 열다

성경은 하늘의 창들이 열려 비가 땅에 쏟아졌다고 기술하지 하늘의 구름에서 비가 쏟아졌다고 말씀하지 않는다. 성경 전체에서 비가 오는 것을 '하늘의 창'이 열려 비가 왔다라고 표현한 곳은 오직 노아의 홍수 때 단 한 번(창7:11)뿐이다. 물막이 터져 비가 쏟아진 것이다. 둘째 날의 물막 창조론을 올바로 정립하지 않고서는 노아의 홍수에 관한 성경적 정립은 불가능하다.

c. 깊음의 샘과 하늘의 창

하나님은 "내가 홍수를 땅에 일으켜 무릇 생명의 기식 있는 육체를 천하에서 멸절하리니 땅에 있는 자가 다 죽으리라."(창6:17)의 말씀대로 하나님의 목적은 '하늘의 창' 을 열어 비가 쏟아지게 하는 것이지 '깊음의 샘' 이 터지는 것이 아니다. 그렇기 때문에 노아의 홍수가 물막이 쏟아진 물과 깊음의 샘이 터져 올라온 물이 합쳐져서 된 것일지라도 하나님은 '깊음의 샘' 을 굳이 기록하지 않아도 문제가 없다. 그런데 홍수가 시작할 때도 '깊음의 샘' 들이 터졌다고 하고 홍수 끝에서도 '깊음의 샘' 이 막혔다고 말씀한다. '깊음의 샘' 에 관한 문제를 생략하고는 노아의 홍수론의 정립은 할 수 없다는 말씀이다.

d. 깊음의 샘이 먼저다

홍수가 시작할 때나 끝날 때나 항상 '하늘의 창' 보다 '깊음의 샘' 이 먼저 터졌고 먼저 막혔다.

그것은 첫째, 시간적으로 '하늘의 창' 이 열리고 막히는 것보다 '깊음의 샘' 이 터지고 막히는 것이 반드시 시간적으로 먼저 발생한다는 말씀이다.

시간적인 우선순위는 성경적으로 매우 중요한 문제다. 장남과 차남만의 문제가 아니다. 주님은 성찬식을 하실 때 떡을 먼저 떼신 다음 잔을 나누셨다.(눅22:19-20) 이렇게 시간적으로 떡을 먼저 떼고 다음에 잔을 나누는 것을 "내 살을 먹고 내 피를 마시는 자" (요6:56) 라고 말씀하셨다. 절대로 잔을 먼저 말씀하시지 않는다. 그래서 성찬식은 반드시 시간적으로 떡을 먼저 떼야 한다.

둘째, '하늘의 창' 보다 '깊음의 샘' 을 먼저 기록하는 것은 '깊음의 샘' 이 더 중요하다는 말씀이다.

가인과 아벨이 여호와께 제물을 드렸다. 그런데 하나님께서는 아벨과 그 제물은 열납하셨으나 가인과 그 제물은 열납하지 아니하셨다.(창4:4-5) 아벨과 가인이 먼저이고 제물이 나중이다. 하나님께서 아벨의 제물은 열납하시고 가인의 제물은 열납하지 않으신 것은, 제물의 문제가 아니라 사람의 문제라는 말씀이다. 사람을 먼저, 예물을 나중에 말씀하시는 성경적 방법이다. 아벨을 받으신 증거로 제물을 열납하신 것이고, 가인을 받지 않으신다는 말씀을 제물로 보여주시는 것이다. 아벨의 제물이 피이기 때문에 받으시고 가인의 제물이 곡식이기 때문에 받지 않으신 것이 아니다.

'깊음의 샘' 을 정립하지 않고서는 '하늘의 창' 은 정립할 수 없다는 말씀이다.

e. 대홍수와 노아의 홍수

지구 곳곳에서 발견되는 대홍수의 흔적들은 대홍수와 함께 엄청난 지각변동이 일어났었다는 증거들이다. 문제는 어떻게 대홍수와 지각변동이 동시에 일어날 수 있느냐는 점이다. 땅에서 지각이 변동한다고 해서 비가 오는 것도 아니고 또 하늘에서 비가 온다고 해서 지각이 변동하는 것도 아니다. 원칙적으로는 비가 오는 것과 지각이 변동한다는 것은 전혀 별개의 문제다.

대홍수와 지각변동은 함께 일어났다고 해석할 수밖에 없는 증거들이 너무 많기 때문에 별개의 사건으로 정리할 수 없다. 현재 나타나 있는 현상들은 대홍수로 인해서 지각이 변동되지 않았으면 지각이 변동했기 때문에 대홍수가 났다고밖에 해석할 수 없는 점이 진화론자들과 창조론자들이 함께 갖고 있는 고민이다.

성경이 증거하는 노아의 홍수는 '깊음의 샘들' 이 터지는 지각변동과 '하늘의 창들' 이 열려 비가 쏟아진 홍수가 동시에 발생한 사건으로 말씀한다. 따라서 현재 여러 곳에서 발견된 상태대로 대홍수와 지각변동이 함께 발생한 것으로 설명할 수 있는 것은 성경적인 노아의 홍수로만 가능하다.

f. 노아의 홍수와 지각변동

비가 많이 오면 지각이 변동될 수 있다는 증거가 있다. 산사태다. 진화론자들의 대홍수론은 '산사태론' 을 억지로 확대해석해서 먼저 대홍수가 있으므로 해서 엄청난 지각변동이 있었다고 주장한다. 그런데 성경은 일반적으로 이해하기 쉬운 '산사태론' 과는 정 반대로 먼저 지각변동이 있은 후에 노아의 홍수가 났다는 것이다.

결국 진화론적 대홍수와 창조론적 노아의 홍수의 논쟁의 핵심은 대홍수와 지각변동의 순서의 차이문제이다. 진화론적인 대홍수와 지각변동의 관계는 먼저 대홍수가 발생했기 때문에 지각이 변동했다는 논리의 '산사태론' 이고, 창조론적인 노아의 홍수는 먼저 지각변동이 있은 후에 노아의 홍수가 났다는 차이다. 성경이 증거하는 이러한 지각변동과 홍수와의 관계는 현실적으로 지금은 있을 수 없는 경우다. 오직 노아의 홍수 때만의 성경적 주장이다.

따라서 성경대로 실제로 홍수보다 지각 변동이 먼저 발생했다는 것을 역사적 사실임을 입증하는 문제는 창조론뿐 아니라 살아계신 하나님의 실존성과 성경의 무오성을 증거하는 문제이다.

g. 우주 팽창

하늘의 창이 열려 물막이 쏟아지는 비보다 깊음의 샘이 터지는 지각 변동이 먼저 일어났다는 것은 천체의 별들이 전에 있었던 위치에서 자리를 옮겼다는 가장 완전한 객관적 증거다. 물막이 둘째 날 창조하신 위치에 계속 있도록 배열되어 있다가 천체의 별자리들이 지구로부터 멀어지므로 물막이 쏟아져 내린 것이 노아의 홍수라면, 반드시 물막이 쏟아져 내리기 전에 지각변동이 먼저 일어난다. 인력의 균형이 깨지기 시작해도 물은 응집력이 있기 때문에 어느 정도 시간이 흘러야 쏟아지지만, 고체인 땅은 마치 유리잔을 0.1mm만 눌러도 깨지는 것과 같이 인력의 균형이 깨지는 순간 즉각 지각이 변동하게 된다. 셋째 날 중력창조로 지하에 갇혀 있던 심층수는 즉시 터져 나오지만 물막의 물은 상당한 시간이 흘러서야 쏟아지기 시작한다. 같은 원리로 홍수가 끝날 때에도 깊음의 샘이 막히는 것이 먼저이고 하늘에서 비가 그치는 것이 다음이다.

h. 지진

화산폭발이나 지진의 발생 원리에 관한 많은 학설이 있지만, 어느 것이 정설이라고 할 수 없을 정도로 정확한 원인이 밝혀지지 않아서 지금도 세계 여러 곳에서는 지진의 공포 속에서 살고 있는 사람들이 많다. 성경적인 노아의 홍수 사건과 요한 계시록 등의 종말론에 관한 성경의 증거로는 천체의 별자리의 이동이 원인이다. 중력은 무한대로 작용하기 때문에 우리가 전혀 인식하지 못하고 있는 우주 안의 어디에선가 별자리의 위치가 바뀌게 되면 당연히 지구에 영향을 미치게 된다. 이로 인해 지금까지 유지되고 있던 균형이 깨지게 되면 지진이 발생하게 되는 것이다.

i. 지각 변동

노아의 홍수 전까지는 비도 오지 않고 지구 전체의 물의 양도 상당히 적었었기 때문에 바다는 지금보다 많이 좁고 산은 낮았을 것이다. 대체로 지구 전체는 지금보다 평평하면서 굉장히 넓었을 것이다. 노아의 홍수로 물막이 쏟아지고 심층수가 솟아오르면 지구 전체가 물에 잠기게 되므로 바다는 더 깊고 넓게, 산은 물이 얼도록 더 높아 눈이 쌓이도록 바뀌지 않으면 안 된다. 그래서 하나님이 땅을 누르심으로 깊음의 샘이 터지면서 더 깊고 넓은 바다가 되게 하시고 반대로 한 편에서는 땅이 솟아올라 산이 되게 하신 것이다. 아마도 이런 과정에서 아프리카가 남아메리카에서 분리되어 옮겨질 수도 있었을 것이다.

B. 외증

창조론과 진화론의 논쟁의 핵심 주제가 항상 대홍수이기 때문에 노아의 홍수에 관한 외증은 창조론과 진화론 논쟁의 최종 판결이라고 해도 과언이 아니다. 다만 지금까지의 창조론에서의 문제는 창세기 1장을 잘못 해석한 창조론을 변증하므로 해서 많은 부분에서 자기모순에 걸려 진화론에 밀리고 있는 것이 사실이다. 이렇다보니 그리스도인 중에서도 창조론자를 신비주의자로 폄하하고 진화론을 과학적 진리로 받아들이는 사람이 많게 됐다.

대홍수의 문제와 함께 창조론과 진화론의 논쟁을 판가름하는 또 하나의 중요한 주제가 공룡에 관한 문제이다. 대홍수의 논쟁이 대홍수가 남긴 흔적에 대한 해석의 문제인 것처럼 공룡의 논쟁 또한 지금은 멸종되어 없어진 공룡의 화석에 대한 해석의 문제다. 따라서 공룡의 실제성에 관한 증명은 대홍수와 함께 창조론과 진화론을 결정짓는 대단히 중요한 주제다.

a. 공룡의 증거들

과거에 공룡이 지구상에 서식하고 있었다는 것은 아무도 부인할 수 없는 사실이다. 지금은 멸종되어 그 자취가 완전히 지구상에서 사라졌지만, 한때는 아열대성 동물인 공룡이 지구상에 광범위하게 퍼져 서식하고 있었다는 확실한 증거들이 많이 있다. 공룡은 틀림없이 지구상에 존재했었다.

• 화석

공룡이 서식하고 있었다는 가장 확실한 증거는 공룡의 화석들이다. 공룡의 화석은 세계 많은 지역에서 발견된다. 세계 여러 공룡박물관에는 지금도 많은 공룡화석을 전시하고 있다.

• 유전 (油田)

유전은 동물이 땅 속에서 오랫 동안 지열과 지압으로 원유가 된 것이라는 데 대부분의 과학자들이 견해를 같이 한다. 거대한 몸집의 공룡이 아닌 지금 지구상에서 서식하고 있는 동물들이 매몰되어서는 수백억 배럴이 넘는 원유가 한 곳에 형성될 수 없다. 이런 원유가 북극과 해저를 포함한 여러 곳에서 발견되는 것으로 보아 공룡은 전 세계에 넓게 퍼져 번식했었음이 분명하다.

b. 진화론적 공룡

성경에는 공룡에 관한 언급이 전혀 없다. 공룡이 실제로 존재했었다는 것은 누구도 부인할 수 없는 명백한 역사적 사실이다. 그러나 공룡에 관해서 창조론자들이 할 수 있는 주장이라고는 고작 공룡은 하나님이 노아의 방주에 넣지 않았기 때문에 노아의 홍수로 멸종됐을 것이라는 것이 전부다. 더구나 성경에는 공룡과 같은 거대한 동물들이 존재했었다는 근거로 해석할 수 있는 기록이 전혀 없다. 이렇게 창조론자들은 공룡에 관한 진화론의 해석에 대해 이의를 제기할 합리적인 성경적 근거를 전혀 찾을 수 없다보니 공룡에 관한 한은 창조론에 아무런 저항을 받지 않는 진화론만의 독무대가 됐다. 진화론적인 자의적 해석이 얼마든지 가능해진 것이다.

진화론에서는 공룡이 서식하고 있었던 시기가 약 6천5백만 년에서 2억 년 전이라고 한다. 이러한 시기의 산출근거는 공룡의 화석을 과학적인 탄소동위원소측정법에 의해 측정한 결과이다. 과학적인 용어만 사용해도 과학적 사실로 인정한 결과겠지만, 이런 진화론의 주장을 과학적 사실로 인정하여 학교에서까지 가르치고 있을 뿐 아니라, 모든 언론 매체들도 당연한 과학적 사실로 전하고 있다. 성경적으로는 지구의 연대가 길어야 2만년 이상일 수 없으니 진화론적인 공룡 해석을 과학적 사실로 배우고 있는 어린 학생들이 성경이나 창조론을 사실로 받아들일 수는 없을 것이다.

c. 공룡 서식의 조건들

어린이들은 공룡에 관심이 많아 공룡에 관한 지식에는 거의 전문가 수준에 가깝다. 최근에는 컴퓨터 그래픽 기술의 발달로 실제 사실로 착각할 만큼 정교한, 진화론적 해석에 입각하여 제작된 영화로 어린이들의 관심을 끌고 있다. 그만큼 공룡이 어린이들에게 미치는 영향이 클 수밖에 없다. 이런 추세라면 멀지 않아 진화론적으로 해석한 공룡이 어린이들에게 끼치는 영향 하나만으로도 창조론은 이름만 남는 진화론의 세상이 될 것이 불을 보듯 확실하다. 하지만 진화론이 창조론의 아무런 저항을 받지 않고 자의적으로 해석한 공룡을 마음대로 전파하고 있는 것은, 공룡에 관한 문제를 성경에 근거한 과학적 방법으로 확실하게 입증할 수만 있다면 오히려 창조론을 많은 사람들에게 효과적으로 입증케 하기 위한 하나님의 예비이실 수 있다.

공룡에 관한 해석은 상당히 신중을 기해야 한다. 공룡만큼 자라나는 어린이들에게 과학적 호기심을 유발할 수 있는 주제도 흔하지 않을 것이다. 이렇게 공룡은 어린이들에게 과학적 사고를 키울 수 있는 대단히 훌륭한 주제이기 때문에, 어린이들로 하여금 과학적 방법으로 접근하도록 지도하는 것은 대단히 중요하다.

영화 '쥐라기 공원' 의 공룡처럼 1억5천만 년 전 쥐라기 시대에 있었다는 점만을 강조하여 신기하게 여긴 나머지 과학적 생각을 하지 못하게 하는 사단이 되어서는 안 된다. 진화론자들이 진정한 과학자적 양심에서라면 신비하게 여겨 더 이상 과학적 사고를 하지 못하게 하는 1억 년 전이라는 연대기를 강조하기보다는, 어린이들로 하여금 공룡이 서식할 수 있는 조건들을 과학적으로 생각하게 하는 쪽으로 이끌었어야 옳다. 진화론자 자신들이 갖고 있는 공룡에 관한 문제들을 숨기면서 다른 어린이들을 미혹할 것이 아니라 정직히 제기하여 진실을 규명하는 것이 과학자적 양심일 것이다.

• 기후 조건

공룡은 아열대성 동물로 지구 전역에 퍼져 서식했다. 현재의 아열대지역에서뿐 아니라 북극과 지금의 바다 등 지구 전역에 걸쳐 서식하고 있었다. 이런 곳들에서 발견되는 많은 유전들이 이를 충분히 입증하고도 남는다. 지구 전체가 아열대성 기후였었고 해저 유전이 발견되는 곳들이 한 때는 공룡이 서식할 수 있는 육지였었다는 변개치 못할 증거다.

진화론적으로는 지구 전역이 아열대성기후인 적은 없었다. 설명이 불가능한 지구의 환경이었다. 성경적인 물막과 우주 팽창에 의한 노아의 홍수로밖에는 설명이 가능하지 않은 기후조건이다.

• 먹이 조건

공룡은 초식동물이다. 몸집이 거대한 만큼 많은 식물이 있어야 한다. 아열대성 기후라 식물이 빨리 자라도 현재에 서식하고 있는 식물로 거대한 공룡이 무리지어 서식할 수 있는 먹잇감으로는 너무 부족하다. 공룡에 못지않게 식물도 지금의 아열대성 식물보다 많이 컸어야 한다. 발견된 아스파라가스화석이 이를 증거한다. 현재는 1.5m 정도밖에 자라지 못하는 아스파라가스가 화석으로 발견된 것은 그 키가 무려 27m나 된다. 지구의 중력이 지금보다 현저하게 작지 않고서는 절대로 가능하지 않다.

• 체중 조건

공룡의 체중이 문제가 되는 것은 공룡은 고래와 같이 물에서 서식했던 것이 아니라 육지동물이기 때문이다. 고래의 몸집이 엄청 크고 체중이 무거워도 물의 부력 때문에 체중이 별로 문제되지 않는다. 그러나 체중이 어마어마한 공룡으로서는 도저히 육지에서 서식할 수 없다. 무엇보다도 공룡의 관절이 이런 체중을 지탱할 수 없다. 사람이 100kg도 되지 않는 체중으로도 늙으면 가장 문제가 되는 것이 무릎 등의 퇴행성관절염이다.

영화 쥐라기 공원에는 이렇게 거대한 공룡들이 마치 캥거루처럼 뛰어다닌다. 발견된 화석들은 이런 공룡의 동작들을 충분히 입증한다. 영화에서는 공룡이 캥거루처럼 뛰는 것이 가능하지만 실제로는 가능하지 않다. 동물학자들이 아무리 공룡의 관절을 분석해서 연구해봐도 공룡의 관절로 이런 체중을 지탱한다는 것은 도저히 있을 수 없는 것을 그들은 충분히 알고 있다.

캥거루처럼 뛰어다녔던 공룡들의 화석들의 관절에는 전혀 문제가 없었다. 공룡 중에는 체중이 300톤 이상 되는 것도 있다. 뿐만 아니라 무려 10톤씩이나 되는 익룡(翼龍)이 공중을 날았다. 몇m나 되는 아스파라가스가지가 줄기에 붙어 있었다. 이런 것들은 지금은 전혀 불가능하다. 지금보다 몸집에 비해 체중이 굉장히 많이 가볍지 않고서는, 아무리 기후가 맞고 식물이 풍성해도 공룡이나 익룡은 물론 27m씩이나 되는 아스파라가스 등은 어떤 경우에도 지상에 살아남을 수 없다. 공룡 등에 관한 제1차적인 과학적 문제의 핵심은 1억5천만 년이라는 연대기의 문제가 아니라 체중의 문제다. 그리고 항상 이점을 지속적으로 강조하여 과학적 사고를 하도록 유도했어야지, 1억5천만 년 전이라는 시간성만 강조하여 공룡에 관한 문제라면 신비하게만 여기게 하여 호기심이 많은 어린이들에게 과학적 사고를 마비시켜서는 과학자적 양심이 아니다.

d. 창조론적 공룡

과학적임을 자처하는 진화론자들이 공룡이 존재할 수 있는 이러한 최소한의 상식적인 문제들을 생각하지도 않고 고민하지도 않았다는 것은 상상도 할 수 없다.

• 기후 조건

지구가 전체적으로 아열대성 기후이고 해저유전이 발견되는 지역이 육지일 수 있다는 것을 설명할 수 있는 유일한 근거는 '7일 창조의 설계도' 의 성경적인 물막론 뿐이다. 진화론적으로는 원론적인 지구 형성론으로나 이산화탄소막으로도 설명이 전혀 불가능하다. 틀림없이 노아의 홍수 전까지의 지구는 물막 속에 있었다.

• 먹이 조건

아무리 지구 전역이 아열대성 기후여서 식물이 무성하게 번식해도 지금의 크기 이상의 거대한 수목으로 성장할 수는 없다. 아스파라가스 가지가 15층짜리 건물만큼 자랄 수 없다.

오직 '7일 창조의 설계도' 의 중력창조론으로만 과학적 설명이 가능하다. 지금도 우주선을 타고 무중력 상태에서 키를 재면 보통 사람의 경우 5cm 이상 커진다고 한다. 그러다가 지구로 돌아오면 자기 키로 되돌아와 있다고 한다. 공룡의 먹이 문제는 진화론적으로는 설명할 수 없다.

• **체중 조건**

수목이 거대하게 자라고, 육중한 공룡이 뛰고 익룡이 날 수 있으려면 지구의 중력이 지금보다 현저히 작지 않으면 어떤 방법으로도 가능하지 않다. 성경의 '7일 창조의 설계도' 적인 중력창조론으로만 과학적인 설명이 가능하다. 진화론적 설명으로는 전혀 가능하지 않다. 지구가 진화론의 원론적 방법대로 생성된 것이라면 공룡은 서식했다가 멸종된 것이 아니라 애당초부터 존재할 수 없었다. 공룡이 존재했었다는 것은 성경적 창조론만이 과학적인 진리라는 가장 확실한 객관적인 증거다.

12) 공룡발자국화석

공룡이 남긴 발자국이 굳어 바위로 된 흔적들이 우리나라를 비롯한 세계 여러 곳에서 많이 발견되고 있다.

A. 진화론의 공룡발자국화석

진화론적 해석으로는 6500만 년에서 2억 년 전에 생긴 발자국이 화석으로 된 것이라고 한다. 일부는 땅 속에 묻혀 있었으나 대부분은 표출된 상태로 발견됐다.

불과 100년도 되지 않은 묘비의 글씨가 알아볼 수 없게 손상되고, 해마다 바위가 부서져서 사막이 확대되고 있는 것이 지구다. 아무리 특수한 예외적인 환경 요인들을 다 적용한다고 해도 노출된 상태로 6500만년 이상을 풍화의 영향을 거의 받지 않은 형태로 고스란히 보존된 것이라는 주장은 삼척동자라도 웃을 말이다. 하물며 자연과학자가 이런 주장을 할 수 있을까.

a. 발자국화석의 형성조건

공룡의 크고 깊은 발자국이 지표에서 화석으로 되려면 발자국이 생길 수 있는 조건과 생긴 발자국이 화석으로 굳어야 하는 두 가지 문제를 생각해야 한다.

첫째, 발자국이 생기려면 갈아 놓은 밭이나 갯벌 같이 땅이 물러야지 단단히 굳은 땅에서는 발자국이 생기지 않는다. 100톤이 넘는 공룡일지라도 바위에는 발자국이 생기지 않는다. 공룡발자국화석이 생길 수 있었던 것은 공룡의 체중의 문제가 아니라기보다 땅이 물렀기 때문이다. 발자국화석 중에는 사람발자국화석도 있다.

둘째, 밟아서 발자국이 생길 정도로 밀도가 성글어야 한다. 흙 자체의 성분이 단단하지 않더라도 밀도가 조밀하면 발자국은 생기지 않는다. 발자국화석 중에는 공룡과 같은 거대한 체구의 동물들의 발자국만 있는 것이 아니다. 진주에서 발굴해서 경상남도과학교육원에 전시되어 있는 발자국화석 중에는 공룡과 익룡 발자국화석은 물론 새발자국화석과 심지어 물방울자국화석도 있다.

셋째, 눌린 발자국이 화석이 될 때까지 발자국이 생길 때의 무게로 발자국을 계속 누르고 있어야 한다. 발을 떼는 순간부터 눌렸던 발자국은 원상태로 부풀어올라오기 시작하기 때문이다. 발견된 공룡발자국화석들 중에는 경상남도 고성의 해안에 있는 것들처럼 윤곽이 뚜렷한 것에 비해 전라남도 해남에서 발굴된 것들의 윤곽이 무디게 된 원인 중 하나가 발자국이 그만큼 부풀어 올랐기 때문이다.

경상남도과학교육관 공사 현장에서 발견되어 현재 그곳 공룡발자국화석박물관에 전시되어 있는 공룡발자국화석 중에는 공룡발자국화석 안에 새발자국화석이 있는 것이 있다. 새발자국을 공룡이 밟아서는 새발자국은 남을 수 없다. 공룡의 굳은 발자국에 공룡보다 가벼운 새가 앉아도 새발자국은 남지 않는다. 공룡의 발자국에 새발자국이 생길 수 있는 유일한 방법은 공룡이 밟아 굳었던 땅이 새발자국이 생길만큼 다시 부풀어 올랐어야만 한다.

넷째, 발자국이 단단한 화석으로 굳을 때까지 원형이 변하지 않은 상태로 보존돼야 한다. 화석으로 굳어질 때까지는 바람이나 비 등 외부의 영향으로 형태가 변해서는 안 된다. 공룡발자국화석의 윤곽이 예리한 정도의 차이가 생긴 원인 중 하나가 이러한 외적 요인도 있었기 때문일 것이다.

b. 진화론적 공룡발자국화석

공룡발자국화석의 형성조건에 관한 진화론적인 설명은, 진흙이나 갯벌 같은 곳에 발자국이 생긴 위에 모래 종류의 흙이 덮이고 쌓이면서 원형이 변하지 않은 상태에서 위에 무겁게 쌓인 흙이 오랫동안 눌러 화석이 됐다가 발자국화석 위에 있었던 바위가 침식에 의해 없어지면서 모래흙은 쓸려나가고 발자국화석만 남았다는 것이다. 이러한 진화론적 해석의 문제는

첫째, 발자국은 생기는 순간부터 다시 부풀어 오르기 시작하기 때문에 발자국에 생긴 즉시 원형이 변하지 않을 수 있도록 모래흙이 발자국에 고스란히 채워졌어야만 가능하다. 불과 며칠만 지나도 발자국은 흔적도 없이 사라진다. 어쩌다 한 두 개의 발자국에 이런 신기한 현상이 생길 수 있을지 모르겠지만, 수를 다 헤아릴 수 없을 정도로 많은 공룡화석발자국들에게 적용한다는 것은 보편타당한 과학적 설명이 아니다.

둘째, 진화론적 설명으로도 흙이 물러야 한다는 점은 일치한다. 그렇다면 어떻게 모래흙이 덮일 수 있었을까가 문제다. 물의 흐름으로 모래가 쌓였던지 아니면 산사태와 같은 경우일 것이다. 어떤 경우든 발자국형태가 변하지 않게 고스란히 보존되도록 모래흙이 그 위에 쌓일 수 있는 경우란 기적이 아닌 한은 없다. 새가 앉아도 발자국이 생길 정도로 무른 흙이라면 산사태나 물의 흐름으로는 물론 빗방울이나 바람에서조차도 형태가 없어진다.

셋째, 설혹 발자국이 생긴 즉시 형태가 전혀 변형되지 않을 수 있게 모래흙이 고스란히 채워졌다고 해도 발자국이 노출된 상태로는 화석이 될 수 없다. 발자국이 화석으로 되려면 그 위에 흙이 많이 쌓여서 오랜 동안 그 무게에 눌려 성글었었던 발자국이 생긴 본래의 흙이 조밀해지면서 굳어져 바위가 돼야 한다. 발자국이 굳어져 화석이 되기 전에 그 위에 흙이 쌓여 무겁게 누르면 발자국은 없어진다. 발자국에 눌린 자리보다 주위의 흙은 성글기 때문에 그 위에 흙이 쌓이면 성글었던 흙도 밟힌 흙도 같이 조밀해지기 때문이다.

넷째, 발자국화석의 형성과정에 관한 진화론적 논리로는 발자국화석은 반드시 깊은 땅 속에서 오랜 동안의 화석과정으로만 형성됐어야 한다. 그러나 해안지방이든 내륙지방이든 지구상에서 발견된 그 수를 다 헤아릴 수도 없이 많은 공룡발자국화석들은 지표에 노출된 상태로 발견됐지 땅 속에 묻혀 있던 것들은 많지 않다. 공룡발자국화석들은 지표에서 화석화됐던지 아니면 땅 속에서 화석화됐다고 해도 지표에 노출된 상태로 발견되는 그 많은 발자국화석들이 진화론적 논리로 설명할 수 있게 깊이 묻혀 있었던 것들로 해석한다는 것은 과학적 논리라고 할 수 없을 것이다.

다섯째, 현재 전 세계적으로 발견되고 있는 허다한 공룡발자국화석들이 1억여년 동안에 걸쳐 상상할 수 없을 만큼 화산폭발이나 지진과 해일이며 홍수 등으로 인한 크고 많은 지각의 변동에도 균일한 깊이의 땅 속에 보존되어 있다가 일제히 표출된 것이라고 설명하는 것이 과학적인 논리인가. 제주도 해안 일대에서 발견된 발자국화석들 중에는 공룡만이 아니라 사람, 말, 사슴, 새 등이 있다. 공룡의 발자국은 1억5천만 년 전 것이고 짐승들은 6만 년, 사람은 1만 5천 년 전 것이라고 한다.

마치 발자국화석들 자체를 과학적 방법으로 측정한 것처럼 말하고 있지만 이는 정직한 설명이 아니다. 이러한 진화론의 연대적 설명의 근거는 각 동물들의 진화연대를 진화론적으로 분류한 것을 근거한 것이지 화석자체를 가지고 정확한 연대를 측정한다는 것은 가능하지도 않을 뿐만 아니라, 측정한 결과도 아니다. 전 세계적으로 나타난 공룡발자국화석에 관한 진화론의 주장은 과학적인 정직한 논리가 아니다.

c. 진화론은 과학이 아니다

동식물이 땅 속에 묻혀 화석이 되는 것과 발자국이 화석이 되는 것은 전혀 방법이 같을 수 없다. 공룡발자국화석에 대한 진화론적 설명들과 같은, 자연에서 발생할 수 있는 예외적인 특수한 경우들을 다 적용해도 동식물이 화석이 되는 것과 같은 방법으로 발자국 위에 쌓인 흙이 아래로 눌러서는 절대로 발자국은 화석이 될 수 없다. 과학자로서의 최소의 요건은 가시적 결과에 대한 의문을 갖는 데서 출발한다. 가시적결과에 의문이 없으면 과학자가 아니다. 뉴턴도 사과가 떨어지는 것에 의문이 생겼기에 만유인력을 발견할 수 있었었다.

과학자임을 자처하는 진화론자들은 창조론자들을 비이성적인 신비주의자로 폄하하기를 주저하지 않는다. 그러나 진화론자들이야말로 이성적 사고를 하는 과학자들이 아니라 가시적결과만을 맹신하는 신비주의자들이다. 과학자라면 어떻게 공룡의 발자국이 자신들이 설명하는 방법으로 형성될 수 있다고 주장할 수 있는가. 진화론은 자기들만이 맹신하고 있는 신앙일 뿐 과학이 아니다. 과학적 의구심이 충만한 자라나는 어린이들에게 자신들과 같은 과학자적

자질을 마비시키고 있는 진화론의 허구성을 생각하면 심히 걱정스럽다. 진화론은 신비주의에 기초한 것으로 절대로 과학이 될 수 없다. 진화론자들이 최소한의 과학자적인 양심만 있어도 공룡발자국화석은 아직은 과학적인 설명이 불가능하다고 고백했어야 옳다.

B. 창조론적 공룡발자국화석

공룡발자국화석에 관한 형성원리를 가장 과학으로 설명할 수 있는 유일한 방법은 성경적창조론 뿐이다.

a. 우주 팽창

발자국화석에 관한 가장 합리적인 설명은, 지혜의 근본이신 하나님은 '7일 창조의 설계도' 대로 무중력 상태의 위치가 둘째 날에 창조해 놓으신 물막이 움직이지 않고 그곳에 그대로 있도록 넷째 날 창조하신 천체의 별들을 배열하셨다는 것이다. 물막의 위치가 필요이상으로 높지 않았을 것이므로 노아의 홍수 전까지는 지구의 중력은 현재보다는 현저하게 약했을 것이다. 이렇게 지구의 중력이 현재보다 상당히 작지 않고서 다른 어떤 방법으로도 27m의 아스파라가스가 서식한다거나, 육중한 공룡이 캥거루처럼 뛰어도 관절에 이상이 없고, 날아다닌다는 것은 전혀 가능하지 않았을 것이다.

하나님은 노아의 홍수 전까지는 무중력의 위치가 지구에 가깝게 있을 수 있는 위치에 별자리들을 배열하셨다가 노아의 홍수 때로부터 별들을 지구로부터 멀어지게 옮기시어, 관성의 법칙대로 지금도 우주가 팽창하고 있는 것이다. 처음 우주가 팽창하기 시작할 때는 지구의 중력이 급속도로 증가하겠지만 지금은 관성의 법칙대로 여전히 같은 속도로 우주가 팽창하고는 있지만 워낙 먼 곳에서의 팽창이기 때문에 지구에 미치는 중력의 영향은 없는 것과 같다.

b. 공룡발자국화석

공룡발자국화석이 생기기 위해서는 깊은 발자국이 생길만큼 땅이 무르고 성글 뿐 아니라, 생긴 발자국의 형태가 없어지지 않은 상태에서 급속히 발자국과 그 주위의 땅이 함께 눌려진 것과 같이 조직이 조밀하게 되면서 바위처럼 단단하게 굳어져야만 가능하다. 발견된 모든 발자국화석들은 발자국만이 눌려서 형성된 것들이 아니다. 발자국만 눌려서 굳어진 것이라면 발자국보다 주위의 흙의 밀도가 성글어야 한다. 그러나 밀도의 차이가 없다. 전체의 흙이 화석으로 굳는 과정과 눌림의 압력이 생기는 것이 동시에 일어나야만 가능하다.

받은 압력이 위로부터라면 어떤 방법으로라도 발자국 형태는 없어진다. 발자국형태를 그대로 유지하면서 밀도가 조밀해지면서 굳어져 화석이 되려면 밑으로 당기는 중력의 증가로서가 아니고는 가능하지 않다. 노아의 홍수 직전에 별들의 위치가 지구로부터 멀어지는 우주 팽창으로 갑자기 지구의 중력이 증가함으로써 흙의 밀도가 올라가 화석으로 굳어진 것이다.

공룡은 물론 새발자국이 뚜렷하게 생길 수 있을 만큼 땅이 무르려면 그만큼 지구의 중력이 작았어야만 가능하다. 지구의 중력이 작아서 생긴 발자국이 화석이 되려면 작았던 지구의 중력이 갑자기 커지지 않으면 안 된다. 이런 설명은 성경적 창조론으로만 가능하다. 따라서 공룡발자국화석이 형성될 수 있었던 시기는 노아의 홍수 직전뿐이었지 그 전에도 후에도 가능하지 않다. 우주 팽창에 의한 지구의 중력이 갑작스레 증가하면 발자국은 노출된 상태에서도 얼마든지 화석으로 굳어질 수 있다.

c. 공룡발자국화석+새발자국화석

용각류+새발자국(경상남도과학교육원 전시)

공룡발자국화석과 함께 발견된 새발자국화석 가운데에는 공룡발자국 안에 새발자국이 있는 화석도 있다. 공룡발자국은 눌렸던 발자국이 많이 부풀어 올라 형태를 잘 알아볼 수 없을 만큼 상당히 뭉그러져 명확하지 못하지만, 새발자국은 윤곽이 예리하고 형태가 뚜렷하다. 공룡발자국이 이렇게 많이 부풀어 올랐으니 새발자국이 생길 수 있었지, 별로 부풀어 오르지 않았을 때 새가 앉았으면 새발자국은 거의 생기지 않았을 것이다. 공룡발자국화석과 새발자국화석이 겹쳐져 있는 것이나 별도로 있는 공룡과 새의 발자국화석들이나 형태는 거의 같은 상태들이다. 이는 진화론적으로는 설명이 불가능하다.

d. 빗방울자국화석

공룡의 몸이 워낙 무거워서 발자국이 생겼고, 그 형태가 변하지 않고 보존된 것이 그 위에 흙이 덮여서 일반적인 동식물화석화의 과정과 같은 것이었을 것이라는 막연한 일반적인 통념을 깰 수 있는 좋은 화석의 증거가 있다. 공룡발자국화석과 새발자국화석과 함께 발견된 빗방울자국화석(경상남도과학교육관 전시)이다. 빗방울자리가 생길만큼 무른 땅에 생긴 빗방울자리에 그 형태가 변하지 않도록 모래흙이 덮여서 장구한 시간이 지나 화석이 됐다는 설명은 삼척동자라라도 믿지 않을 말이다.

빗방울자리가 선명하게 화석이 될 수 있었던 것은 빗방울이 떨어지면서 동시에 땅이 화석으로 굳어갔기 때문이다. 아마도 노아의 홍수 때에 최초로 떨어졌던 빗방울들이었을 것이다. 우주 팽창이 더 진행되면서 나중에 쏟아졌던 빗방울들은 이미 땅이 빗방울자리가 생기지 않을 만큼 굳은 다음이기 때문에 흔적이 생기지 않았을 것이다.

e. 공룡발자국화석과 유전

노아의 홍수로 물막이 터지기 전에 먼저 지각이 변동했으므로 많은 공룡들이 지구 전역에서 땅 속에 매몰됐을 것이다. 얼마 후 물막의 물이 쏟아져서 더 깊이 매몰된 곳은 바다가 됐을 것이다. 이렇게 깊음의 샘이 터진 다음 하늘의 창이 열려 비가 쏟아져야지 육지든 바다든 유전의 형성이 가능하지 먼저 홍수가 있어서 지각이 변동해서는 유전은 형성될 수 없다. 지구상에 있었던 역사적 대홍수는 성경적 노아의 홍수로만 과학적 설명이 가능하지 진화론적으로는 가능하지 않다.

세계적으로 우리나라만큼 공룡발자국화석이 많이 발견된 곳은 없다고 한다. 우리나라는 공룡발자국화석연구의 보고라고 한다. 공룡이 많이 서식하고 있었다는 증거다. 그런데 우리나라에서는 기름은 한 방울도 나지 않는다. 이런 현상은 진화론적으로 설명이 가능하지 않다. 공룡이 많이 서식했었다면 당연히 원유 매장 확률이 크기 때문이다.

그러나 공룡이 노아의 홍수로 멸종된 것이라면 공룡발자국화석이 많은 곳일수록 유전은 없다. 공룡이 서식했었던 곳에도 발자국이 있었겠지만 공룡과 함께 발자국들도 매몰됐을 것이기 때문에 공룡발자국화석이 없게 된 것일 것이다. 그러나 공룡발자국화석이 많은 곳은 노아의 홍수 때에 지반이 가라앉지 않은 곳이므로 공룡들이 매몰되지 못하고 물 위로 떴을 것이기 때문이다. 한반도는 이렇게 지반이 든든해서 지진이 적은 지역인지 모른다.

f. 초식동물과 육식동물

화석을 통해 구분하는 초식동물과 육식동물의 진화론적 구분기준은 동물의 이빨과 발자국화석이다. 어금니가 소나 말처럼 날카롭지 않으면 초식동물이고, 고양이나 사자처럼 날카로우면 육식동물로 분류한다. 발자국이 소나 말처럼 굽이 있으면 초식동물이고 날카로운 발톱이면 육식동물이다. 이러한 기준으로 공룡 중에서도 초식공룡과 육식공룡으로 나눈다.

육식공룡이 있었다는 객관적 증거가 있으니 창조론자들은 난감할 수밖에 없다. 성경적으로는 노아의 홍수 전에는 사람을 비롯한 모든 동물들은 채식(창1:30)만 했고, 육식이 시작(창9:3)된 것은 노아의 홍수 후인데 노아의 홍수로 멸종된 공룡 중에 육식공룡이 있었으니 문제가 아닐 수 없다.

초식동물이라고 해서 전부 소나 말처럼 풀을 먹는 것은 아니다. 다람쥐나 원숭이처럼 열매를 먹는 동물들도 초식동물이다. 초식동물들이라고 다 굽이 있는 것은 아니다. 나무에 올라 열매를 따먹는 초식동물인 다람쥐나 원숭이의 발톱은 날카롭다. 이런 사실을 모를 리 없는 진화론자들의 초식동물과 육식동물의 회석분류기준을 어디까지 선의로 해석해야 옳을지?

g. 발자국화석의 기회

공룡은 틀림없이 지구에 서식했었다. 공룡은 지금 지구의 중력상태에서는 절대로 서식할 수 없다. 지금은 멸종되고 없지만 틀림없이 지구에는 공룡이 서식할 수 있을 정도로 중력이 작은 때가 있었다. 그런데 지구의 중력이 갑자기 증가하여 공룡이 멸종됐다.

성경의 '7일 창조의 설계도' 의 논리가 아니고는 공룡의 서식과 멸종에 관한 설명은 불가능하다. 진화론적 논리로는 공룡에 관한 합리적 설명은 불가능하다. 창조론적으로도 무중력의 개념이 정립되기 전까지는 유대교에서든 성경을 일점일획도 오류가 없는 하나님의 말씀으로 믿는다는 보수적 성경해석으로든 공룡의 문제는 물론 '7일 창조의 설계도' 는 읽을 수 없다. 최소한 뉴턴이 만유인력을 발견하기 전까지는 공룡의 문제나 '7일 창조의 설계도' 는 아무도 읽을 수 없었다.

지구의 역사상 발자국이 화석이 될 수 있었던 기회는 노아의 홍수 때 단 한번뿐이었다. 공룡발자국화석과 사람발자국화석이 함께 있다는 점이 중요한 것이 아니다. 공룡발자국화석도 있고 사람과 다른 동물들의 발자국화석도 있다는 점이다. 발자국화석은 모두 다 노아의 홍수 때에 생긴 것들이라는 점이 중요한 것이다. 공룡과 사람은 틀림없이 노아의 홍수 전까지는 공존하고 있었다.

h.사람발자국화석

공룡의 발자국화석과 함께 있는 길이가 50cm나 되는 여섯 사람의 발자국화석이 미국 텍사스주의 팔룩시강 근처에서 발견 됐다. 공룡 발자국화석이 같이 있다는 것은 공룡과 사람이 동시대에 살고 있었다는 객관적 증거이므로 창조론과 진화론에 종지부를 찍게 되는 결정적 증거이다. 이것이 사실이라면 진화론은 포기되어야 한다. 그만큼 공룡의 문제는 진화론에 있어서 진화론을 옹호할 수 있는 절대적인 증거로 여기고 있기 때문이다.

가시적 결과만이 기준인 진화론자들이 이 화석들을 과학적으로 분석해본 결과 화석이 아니라 사람이 바위에 조각한 것이라고 한다. 진화론자들의 과학적 분석이 실제 사실이라면 공룡발자국화석과 함께 있는 사람의 발자국의 조각목적은 창조론을 옹호하게 하려는 것이었을 것이다. '7일 창조의 설계도' 를 최초로 정립한 필자가 조각했으면 모를까, 보통체구의 사람발자국으로 조각했지 창세기에서는 전혀 증거할 수 없는 거인의 발자국을 조각했을 리가 없다.

진화론적으로는 발자국화석이 생길 수 있으려면 사람이 단단한 바위에 인공적으로 조각하는 수밖에 없다. 다른 방법이 있으면 조금만 생각해도 전혀 논리가 성립하지 않는 이런 엉터리의 분석결과를 과학적으로 검증한 것이라고 주장하지는 않을 것이다. 발자국화석이 생길 수 있는 경우는 두 가지밖에 없다. 하나는 사람이 단단한 바위에 인공적으로 조각을 하거나, '7일 창조의 설계도' 의 우주 팽창으로 인한 지구의 갑작스런 중력의 증가의 결과일 것이다.

창조론적 우주 팽창론이 아니고는 지구상에 무수히 산재하고 있는 공룡뿐 아니라 다른 발자국화석들의 형성은 과학적으로 설명할 수 없다.

과학적임을 자인하는 진화론이 보편타당한 객관적 증거에 의하지 않고 주관적이고 선택적인 자신들만의 주장을 과학을 방자하여 많은 사람을 호도하고 있는 것은 과학자적 양심이 아니다. 이제 진화론은 진리 앞에 정직해야 할 때가 됐다.

성경은 일점일획도 오류가 없는 완전한 하나님의 말씀이다. Back to the Bible

13) 하나님의 보시기에 좋았더라

하나님은 땅을 '하나님이 보시기에 좋았더라' 라고 하실 수 없는 혼돈하고 공허하고 흑암이 깊음 위에 있는 상태로 창조하셨다(창1:1-2)가, 하나님의 보시기에 좋게 질서와 생명과 빛으로 재창조하시고, '빛A' 를 '빛B' 로 대치하시었다.(창1:9-19)

• **창조의 설계**

하나님이 땅을 타락한 인간의 심령을 계시하도록 창조(창1:1-2)하시고 거듭남의 원리로 재창조(창1:6-19)하셨다.

첫째날	둘째날	셋째날		넷째날
땅	물막	중력	식물	천체
혼돈 →	→	→ 질서		
	심판			
공허 →	→	→	→ 생명	
	십자가			
흑암 →	→	→	→	→ 빛
	침례			
빛A →	→	→	→	→ 빛B

5장.

다섯째 날

하나님이 가라사대 물들은 생물로 번성케 하라. 땅 위의 하늘의 궁창에는 새가 날으라 하시고 하나님이 큰 물고기와 물에서 번성하여 움직이는 모든 생물을 그 종류대로 날개 있는 모든 새를 그 종류대로 창조하시니 하나님의 보시기에 좋았더라. 하나님이 그들에게 복을 주어 가라사대 생육하고 번성하여 여러 바닷물에 충만하라. 새들도 땅에 번성하라 하시니라. 저녁이 되며 아침이 되니 이는 다섯째 날이니라.(창1:20-23)

1) 물고기와 새 창조

다섯째 날에는 말씀으로 동물인 물고기(魚)와 새(鳥)를 창조하셨다.

• 창조의 설계

하나님이 첫날에 땅과 물과 공기를 창조하시고 셋째 날에 동물의 먹이를 위해 식물을 창조하신 다음 다섯 째 날에 동물인 물고기와 새를 창조하셨다.

2) 물들은 생물로 번성케하라 שרץ sharatz, 샤라쯔

물 부족으로 생명체가 번성하는 데 지장이 없도록 물 공급을 설계하신 하나님의 지혜가 놀랍다.

• 창조의 설계

노아의 홍수 전까지 지구가 물막 속에 있을 때에는 어느 곳에서든지 생명체가 서식할 수 있게 안개가 땅에서 올라와 온 지면을 적셨다. 노아의 홍수 후에도 지표의 7할 이상을 바다가 되게 하여 구름으로 물을 내륙 깊은 곳까지 지구 전역에 골고루 운반해 주도록 설계하셨다. 높은 산에 만년설을 두어 항상 물이 흐르게 하셨다.

이렇게 물이 풍족하도록 창조하셨음에도 지구에 물이 부족한 곳이 많다. 물론 하나님이 지구에만 생명체를 창조해 놓으셨으니 다른 행성에 생명체가 있을 리 없겠지만 물의 흔적을 찾는다고 해서 생명체가 있을 리 없다.

a. 물=생명

'하나님이 가라사대 물들은 생물로 번성케 하라' 라는 말은 생명체는 물이 없으면 살수 없게 창조하셨다는 말이다. 생명의 근본을 물로 설계하셨기 때문에 물이 없으면 생명체는 절대 존재 할 수 없다.

과학자들이 달을 조사한 끝에 달에는 생명체가 전혀 없다고 단언한다. 또 금성과 목성에도 생명체가 없다고 한다. 그 넓은 곳을 며칠 사이에 어떻게 다 조사를 했기에 생명체가 없다고 단정할 수 있을까. 생명체가 있는지를 조사한 것이 아니라 수분이 있느냐만 조사한 것이다. 수분이 있으면 생명체가 있을 가능성이 있지만 수분이 없으면 생명체는 존재할 수 있는 가능성이 없기 때문이다.

물이 생명의 근본이라는 것은 3500년 전에 성경에서의 말씀이다. 3500년 전에 규명해 기록해 놓은 이 원리가 과학이 극도로 발달한 21세기에 와서도 여전히 불변의 진리로 통용되고 있다. 생명체의 존재를 확인 할 수 있는 더 나은 방법이 없다는 말이다. '물이 없으면 생명은 없다'는 것이 3500년 전에 기록한 성경의 선언이었고 지금도 불변이며 그것이 기준이라면 성경은 하나님이 계시하신 하나님의 말씀이다. 하나님이 아니고는 지금도 변하지 않는 진리를 3500년 전에 선언할 수는 없다.

b. 물=피

물이 육체의 생명임을 실제로 계시하도록 설계하신 것이 피다. 하나님은 "고기를 그 생명 되는 피채 먹지 말것이니라."(창9:4)라고 하심 같이 육체의 생명이 피에 있다고 말씀하시는 것이다. 피를 몸 안의 물로 설계하셨다는 말씀이다. 물이 생명의 근본이므로 피가 생명이라는 것이 일관된 성경적 논리다.

c. 물=생명수

주님께서는 "생수를 네게 주었으리라."(요4:10)라고 하심과 같이 물이 생명수라고 말씀하신다. 천국에서는 하나님과 및 어린양의 보좌로부터 "수정 같이 맑은 생명수"(계 22:1)가 흐른다고 말씀하신다. 성경적으로나 실제적으로나 물은 생명이다.

d. 물=성령

천국의 성전 문지방 밑에서 흘러나가는 물은 성전에서 멀어질수록 오히려 많아진다.(겔47:1-5) 주님께서는 "나를 믿는 자는 성경에 이름과 같이 그 배에서 생수의 강이 흘러나리라 하시니 이는 그를 믿는 자의 받을 성령을 가리켜 말씀하신 것이라."(요7:38-39)라고 하심과 같이 물은 성령의 실제성을 계시하도록 설계하셨다.

e. 물=침례

물은 육신 생명의 근본이므로 성령을 계시함과 동시에 노아의 홍수로 심판하신 사망의 마귀를 계시하기도 한다. 그래서 노아의 방주에서 물로 말미암아 구원을 얻은 것 같이 "물은 예수 그리스도의 부활하심으로 말미암아 이제 너희를 구원하는 표니 곧 침례라."(벧전3:21)라고 하신다. 그래서 물과 성령으로 거듭나(요3:5)야 하는 것을 "무릇 그리스도 예수와 합하여 침례를 받은 우리는 그의 죽으심과 합하여 침례 받은 줄을 알지 못하느뇨."(롬6:3)라고 하시고 "만일 우리가 그의 죽으심을 본받아 연합자가 되었으면 또한 그의 부활을 본받아 연합자가 되리라."(롬6:5)라고 말씀하셨다. 육신을 부인하여 수장(水葬)하고 성령으로 거듭나지 않으면 천국에 들어갈 수 없다.

3) 큰 물고기 תנין tannin, 탄닌

'큰 물고기' תנין은 뱀(출7:9) 또는 용(시74:13)으로도 번역한다. 문맥상으로 본문에서 '큰 물고기'로 번역해도 무방할 것 같다. 육지동물 중에는 공룡으로 해석할 만큼 큰 동물창조의 기사가 없으나 물고기 중에는 요나가 3일 동안 들어가 (욘1:17)있을 정도의 큰 물고기를 창조하셨다.

• **창조의 설계**

공룡멸종에 관한 설명이 관절이 견딜 수 없는 거대한 체중 문제만으로는 충분하지 않다. 멸종된 공룡 중에는 작게는 캥거루보다 작은 크기에서부터 수백 톤에까지 종류가 다양하기 때문이다.

a. 큰 물고기의 멸종

초기의 우주 팽창이 지구의 생태계에 미친 영향은 노아의 홍수 외에도 동식물들이 살아가는데 상상을 초월하는 많은 문제들을 유발했을 것이다. 특히 동물에 있어서는 호흡하기가 어려워지고 혈액순환에도 많은 이상이 생겼을 것이다.

이러한 복잡한 많은 생존조건들이 악화된 문제들은 차치하고, 체중의 문제만 생각해봐도 모든 공룡의 멸종에 관한 설명은 충분히 가능하다. 우주인들은 무중력지대에 접근할수록 자신의 절대체중에는 변함이 없음에도 몸이 점점 가벼워지다가 결국 저울에 달아보면 '0' kg이 된다. 다시 지구로 귀환하면 몸이 점점 무거워져서 결국 자신의 본래의 체중이 된다.

우주인들이야 항상 지구에서 살다가 잠시 동안만 무중력에서 생활하다가 다시 제자리로 돌아오므로 생활에 큰 문제가 없겠지만 노아의 홍수 때에는 갑자기 지구의 중력이 커져서 체중이 100kg이었던 공룡이 1000kg로 되면 상황이 전혀 달라질 것이다. 홍수 전의 중력에 적응하고 살고 있었던 모든 동물들은 갑자기 몸이 무거워져서 자유로이 거동할 수 없게 됐을 것이다. 비록 공룡이 노아의 홍수 후까지 살았다고 해도 이러한 새로운 환경에 적응할 수 없으면 멸종되었을 것이다.

이런 점은 물고기들에게도 마찬가지다. 물고기들에게는 물의 부력이 작용하고 있기는 하지만 체중의 증가로 활동이 어려워지기는 육지동물이나 별반 차이가 없었을 것이다. 뿐만 아니라 홍수 전까지는 수심 100m까지 잠수하던 물고기들도 지구의 중력이 커져 이제는 10m도 잠수하기 어려워졌으므로 그만큼 활동범위가 좁아졌을 것이고 먹이를 얻는 것도 쉽지 않았을 것이다. 이렇게 되면 물고기 중에서도 몸이 거대한 순서대로 멸종할 수밖에 없다. 고래가 살아남을 수 있었던 것은 고래 먹이가 플랑크톤이나 새우 등과 같은 것들이기 때문에 별로 거동하지 않고 물만 들이마셔도 먹이를 얻을 수 있었기 때문일 것이다.

b. 노아의 방주

하나님이 노아의 방주로 노아의 여덟 식구와 육지동물들을 구원하신 것은 익사를 면케하신 것만이 아니다. 만일 갑작스런 지구중력의 변화에 적응하지 못하면 설혹 익사하지 않았어도 살아남을 수 없다. 노아의 홍수 때에 실제로 비가 온 날수는 40일이다.(창7:12)

그런데 노아가 방주에 있었던 기간은 노아 600세 2월 17일(창7:11)부터 시작해서 7월 17일(창8:4) 방주가 아라랏 산에 머물 때도, 10월 1일 산들의 봉우리가 보일 때도, 40일 후(창8:6-7) 까마귀가 날아간 다음에도 계속 100여일을 더 방주 안에서만 살다가 601세 2월 27일(창8:13-14)에서야 방주에서 나왔다. 방주 안에서 1년 10일 동안 생활한 것이다.

까마귀를 내려 놓은 것은 이미 땅이 말랐기 때문이지 마르지도 않은 땅에 까마귀를 내놓을 리가 없다. 까마귀가 방주로 돌아오지 않고 왕래했다는 것은 까마귀가 살 수 있다는 말이지 땅이 마르지 않아 살 수 없다는 말이 아니다. 까마귀가 살지 못했으면 멸종됐을 것이다. 까마귀는 돌아오지 않은 것이 아니라 돌아올 수 없었던 것이다.

하나님이 노아의 방주를 칸칸이 막(창6:14)고 식량을 예비시키셨다. 체중이 무거워져서 거동을 할 수 없게 되어도 먹고 살 수 있도록 준비시키신 것이다. 모든 동물들이 생명을 부지하면서 방주 안에서 새로운 환경에 무거워진 체중이 적응할 수 있는 체력 훈련을 하게 하신 것이다. 노아가 충분히 훈련됐는지를 시험해본 것이 까마귀를 내놓은 것이다. 그래서 비둘기보다 체력이 강한 까마귀를 먼저 내놓았으나 별로 날지 못하고 땅에서만 이리저리 퍼득이며 날아 다녔(창8:7)지 방주 위로 날아오지는 못했던 것이다. 아직 체력훈련이 더 필요했다는 뜻이었다. 그래서 다시 90일을 더 체력훈련을 한 다음 비둘기를 내놓았으나 아직도 체력(창8:9)이 충분치 못함을 보고 다시 14일을 더 훈련하고 방주에서 나온(창8:12) 것이다.

c. 수명

노아의 홍수로 말미암은 지구의 중력이 커져서 체력소모가 많아졌음은 물론 기후 등 여러 가지 환경변화로 비록 노아까지는 950세(창9:29)를 살았지만 그 후부터는 수명이 급격히 짧아져서 노아의 아들 셈은 600세(창11:11) 그리고 그 후손들은 점차적으로 더 단명하게 된다. 결국 노아의 홍수 전까지는 900세 이상 살았던 인간의 수명이 120세가 한계(창6:3)가 된 것이다.

4) 창조하다 ברא

생물을 창조하다에서 생물로 번역한 히브리어 '네페시 하야' נפש חיים는 "살다의 '하이' חי와" 혼의 '네페시' נפש이다. '네페시' נפש는 공기, 바람, 호흡, 생기, 생명, 성령으로 번역하는 '루하' חיה(창1:2)와 같은 의미의 단어다.

• 창조의 설계

하나님의 '7일 창조의 설계도' 의 핵심은 사람이고 생명이다. 이

점을 강조하시기 위해 하나님은 5일 동안 창조하시면서는 다 '가라사대' 로만 창조하시지 '창조하다' 라고는 하시지 않으셨다. 하지만 다섯째 날에 '혼' נפש을 창조하시면서는 '가라사대' 를 하셨음에도 다시 '창조하다' ברא를 말씀한다. 생명체의 요소인 첫째 날 육인 천지(창1:1)와 다섯 째 날 혼נפש을 창조하실 때에만 '창조하다' ברא를 쓰신 것이다.

5) 종류대로

하나님은 큰 물고기와 물에서 번성하여 움직이는 모든 생물을 그 종류대로, 날개 있는 모든 새를 그 종류대로 창조하셨다.

• 창조의 설계

하나님이 물고기와 새를 창조하시면서 식물창조와 같이 육이 종류대로 각기 자신만의 고유한 속성을 갖게 설계하셨음은 물론 여기에 더해서 각기 종류대로 자신만의 고유한 특성의 혼을 창조하여 육 속에 있게 하셨다. 진화론적으로는 동일 종(種)의 동물들의 DNA가 다 같아야 하지만 같지 않은 것이고, 또 DNA만 일치하면 두 동물이 하나같이 완전히 같아야 하지만 세상에 같은 두 마리의 동물이 없는 것은 하나님께서 육뿐 아니라 혼도 각기 종류대로 창조하셨기 때문이다. 진화론은 허구적 소설이지 과학적 사실이 아니다.

6) 복주다 בָּרַךְ barakh, 바라크

'복주다' בָּרַךְ '생육하라' פרה para, 파라, '번성하라' רבה raba, 라바, '충만하라' מלא male, 말레라는 말씀은 혼적 의지가 있는 동물에게만 하시고 혼적 의지가 없는 식물에는 '복주다', '생육하라', '번성하라', '충만하라' 를 하시지 않는다.

7) 하나님의 보시기에 좋았더라

하나님이 천지를 '하나님의 보시기에 좋았더라' 가 없이 창조하신 땅이 혼돈하고 공허하고 흑암이 깊음 위에 있는 것을 하나님의 보시기에 좋게 질서와 생명과 빛과 '빛A' 를 '빛B' 로 재창조하신 것만으로 충분한 것이 아니다. 세상에는 자기 의지를 갖고 사는 동물이 있어야 좋은 것이다.

• 창조의 설계

하나님의 '7일 창조의 설계도' 는 넷째 날까지는 구원론을 다섯째 날부터는 성화론을 계시하도록 설계하셨다. 한번 구원은 영원한 구원(요14:16-17)을 계시하는 식물은 셋째 날에, 가변적인 성화를 계시하는 의지적 동물은 다섯째 날에 창조하셨다. 성령으로 거듭난 것으로만 충분한 것이 아니라 성령으로 거듭난 사람은 성화하여 "그리스도의 장성한 분량이 충만한 데까지 이르"(엡4:13)도록 의지적으로 생육하고, 번성하고, 충만하게 되는 것이 복이다.

6장.

여섯째 날

1. 육지동물 창조

하나님이 가라사대 땅은 생물을 그 종류대로 내되 육축과 기는 것과 땅의 짐승을 종류대로 내라 하시고(그대로 되니라) 하나님이 땅의 짐승을 그 종류대로, 육축을 그 종류대로 만드시니 하나님의 보시기에 좋았더라.(창1:24-25)

1) 가라사대 אמר

여섯째 날 하나님은 말씀으로 땅의 짐승과 육축 등의 모든 육지동물을 창조하셨다.

창조의 설계

모든 식물과 같이 "여호와 하나님이 흙으로 각종 들짐승과 공중의 각종 새를 지으시고"(창2:19)라고 하신대로 모든 동물들의 육체도 흙이 근본이다.

2) 종류대로

하나님은 땅의 짐승을 그 종류대로, 육축을 그 종류대로, 땅에 기는 모든 것을 그 종류대로 창조하셨다.

창조의 설계

하나님은 식물을 창조하실 때도 물고기와 새의 혼을 창조하실 때에도 각기 종류대로 창조하신 것과 같이 육지동물을 창조하실 때에도 자신의 고유의 속성을 갖도록 각기 종류대로 창조하셨다. 단세포생명체가 진화했다는 진화론과는 정반대로 하나님은 동물은 육뿐 아니라 혼도 각기 다르게 창조하셨기 때문에 지구상에는 완전히 같은 동물은 전혀 없다. 생명공학 분야에서는 진화론적 단세포생명체에서의 진화론적 논리에 근거해서 동물의 DNA를 복제하고 있지만 하나님이 육뿐 아니라 혼도 각기 종류대로 창조하셨기 때문에 결코 동일한 동물의 복제는 영원히 가능하지 않다.

3) 다윈의 진화론

하나님은 동식물들을 각기 고유의 속성을 갖도록 종류별로 창조하셨다고 성경이 증거하고 있으나, 생명체에 관한 다윈의 진화론인 종의 기원의 체계는 지구상에 우연히 단세포생명체 하나가 생기게 되어 이것이 물고기로, 어류(魚類)가 새로, 조류(鳥類)가 젖먹이동물로, 포유류(哺乳類)가 사람이 됐다는 논리다. 지구상에 존재하고 있는 각종 생명체들의 모든 진화과정들을 증거할 수 있는 중간체들은 찾아볼 수 없다. 먹이사슬로는 동물은 반드시 식물에서 진화했어야 한다. 따라서 반드시 식물과 동물의 중간체도 있어야 한다.

중간체가 전혀 없는 생명체를 관찰하고 종의 기원의 학설을 정립했다는 다윈의 상상력에 놀라지 않을 수 없다. 다윈이 어떻게 이런 상상을 할 수 있었을까? 하나님이 흙에서 식물과 동물을 내게 하신 것처럼 단세포생명체가 물질(흙)에서 생성되고, 하나님의 창조의 순서대로 식물에서 동물로, 물고기에서 새로, 새에서 포유류로, 포유류에서 사람으로 진화했다. 다윈의 진화론의 체계는 하나님의 창조의 체계와 완전히 일치한다.

이제는 전 세계의 자연과학을 지배하고 있는 진화론의 창시자 다윈은 영국의 캠브리지 대학에서 신학을 공부한 사람이다. 그가 창세기 1장을 모를 리 없다. 다윈의 진화론은 자연과학의 객관적 진리가 아니라 하나님의 창조기사에 소설가적 상상력으로 각색한 다윈의 진화소설이다. 한때 전 세계를 흑암의 소용돌이 속으로 몰아넣었던 공산주의의 창시자 칼 막스도 신학을 공부한 사람이다. 그의 공산주의 이론의 근거도 "모든 물건을 서로 통용하고 또 재산과 소유를 팔아 각 사람의 필요를 따라 나눠 주었다"(행2:44-45)는 성경이다.

다윈의 진화론과 칼 막스의 공산주의 이론은 하나님의 창조의 설계도와 성경을 표절한 것일 뿐 자신의 논문이 아니다. 성경적인 진리에 마귀의 옷만 입히면 누구나 세상을 마귀의 소굴로 만들 수 있다. 기독교의 피복음도 같은 원리로 세상을 어지럽히고 있다.

2. 사람 창조

"하나님이 가라사대 우리의 형상을 따라 우리의 모양대로 우리가 사람을 만들고 그로 바다의 고기와 공중의 새와 육축과 온 땅과 땅에 기는 모든 것을 다스리게 하자 하시고 하나님이 자기 형상 곧 하나님의 형상대로 사람을 창조하시되 남자와 여자를 창조하시고 하나님이 그들에게 복을 주시며 그들에게 이르시되 생육하고 번성하여 땅에 충만하라, 땅을 정복하라, 바다의 고기와 공중의 새와 땅에 움직이는 모든 생물을 다스리라 하시니라. 하나님이 가라사대 내가 온 지면의 씨 맺는 모든 채소와 씨가진 열매 맺는 모든 나무를 너희에게 주노니 너희 식물이 되리라. 또 땅의 모든 짐승과 공중의 모든 새와 생명이 있어 땅에 기는 모든 것에게는 내가 모든 푸른 풀을 식물로 주노라 하시니 그대로 되니라. 하나님이 그 지으신 모든 것을 보시니 보시기에 심히 좋았더라. 저녁이 되며 아침이 되니 이는 여섯 째 날이니라." (창1:26-31)

1) 사람 창조 אדם

여섯째 날 하나님은 육지동물들을 창조하신 다음 마지막으로 사람을 말씀으로 창조하셨다.

• 창조의 설계

하나님은 지구뿐 아니라 온 우주 만물을 사람을 위해 설계하셨기 때문에 사람이 살기에 최선의 환경으로 '하나님의 보시기에 좋았더라' 라고 하신대로 6일 동안 모든 것을 완전하게 준비해 놓으시고 마지막으로 사람을 창조하셨다. 온 우주 만물은 사람을 위해서 존재하고 있는 것이다. 그래서 사람이 지구상에서 완전히 사라지고 나면 하나님은 온 우주 만물도 폐하시는 것이다.(계20:11)

2) 남자와 여자 창조 זכר ונקבה

하나님이 '아담' אדם인 사람을 창조하시고, 남자 '자카르' זכר와 여자 '네케바' נקבה를 창조하셨다.

• 창조의 설계

하나님은 온 우주 만물을 말씀으로 창조하셨으면서도 특별히 전무한 상태에서 처음으로 물질을 창조(창1:1)하실 때와 처음 동물의 혼(창1:21)을 창조하실 때에만 '창조하다' ברא를 쓰셨다. 사람도 말씀으로 창조하셨음에도 사람 אדם의 창조에는 '창조하다' ברא를 두 번 쓰셨다. 사람의 영의 창조와 하나님의 영이 사람의 심령 속에 들어오실 때 '창조하다' ברא를 쓰신 것이다.

이것을 창세기 2장 7절에서는 사람의 영을 창조하신 것이 '흙으로 사람을 지으신 것' 이고, 하나님의 영이 사람의 심령 속에 들어오신 것이 '생기를 그 코에 불어 넣은 것' 이다. 그리고 하나님의 영이 인간의 심령 속에 '임마누엘' 하시는 원리의 설계가 아담의 갈비뼈로 하와를 창조하시어 부부가 한 몸(창2:18-24)을 이루는 설계이다.

3) 하나님=우리와 자기

히브리어 '엘로힘' אלהים이 복수형이기 때문에 유일신인 단수의 하나님으로도 잡신인 복수로도 번역할 수 있다. 본문은 유일신 '엘로힘' 하나님이다.

• 창조의 설계

창조주 '엘로힘' 하나님은 단수인 '자기'의 유일신 하나님이면서 동시에 복수인 '우리'의 유일신 하나님이다.

a. 하나님의 존재형태

성경의 여러 가지 강조법 중 하나가 단수를 복수로 복수를 단수로 기록하는 대표적인 예가 '엘로힘' אלהים이다. 그러나 분명한 단수의 유일신을 복수인 '엘로힘'으로 말씀하시는 또 다른 중요한 이유는 유일신이신 '엘로힘' 하나님은 존재형태가 복수이기도 하기 때문이다.

b. 사람에게만 해당

창조주 '엘로힘' 하나님이 다른 만물들을 창조하실 때에는 항상 단수의 유일신 하나님으로만 말씀하셨으나 사람을 창조하실 때만

유일신 '엘로힘' 을 복수인 '우리' 와 단수인 '자기' 로 말씀한다. '단수' 이어야만 하시는 유일신 하나님이 '복수형태' 로 존재하시는 이유는 오직 사람 때문이라는 말씀이다.

c. 신론(神論)

유일신 하나님은 단수인 '자기' 의 한분이시면서 동시에 다른 속성으로 복수인 '우리' 의 세분형태로 존재하신다는 말씀이다. 객관적으로 존재하시는 전지전능, 절대선 절대의, 공의의 심판주이신 '엘로힘' 하나님(창1:1)과 인간을 사랑하시고 교제하시며, 함께 하시는 '여호와' 하나님(출6:2-3)과 인간의 심령 속에 내주 하시어 하나님의 자녀로 인(고후1:22)치시는 '임마누엘' 하나님(사7:14)이시다.

d. 삼위일체(三位一體)

성부 하나님은 항상 천국에만 계신다. 그래서 세상에서 하나님의 일을 직접 행하시는 분은 항상 성령 하나님이시다. 온 우주 만물 창조를 직접 하신 분도 성령 하나님(창1:2)이시고 예수 그리스도를 잉태(마1:18)케 하신 분도, 주님께서 역사하신 영적 역사도 성령(마12:28)이 하시는 것이다. 동정녀에게 잉태되어 성육신(成肉身)하신 예수 그리스도의 육신 안에 '임마누엘' 하셨다가 육신이 대속제물로 십자가에서 돌아가신 후 부활 승천하신 분이 성자 하나님(요

3:16)이시다. ‘엘로힘’ 은 성부 하나님을, ‘여호와’ 는 성자 하나님을, ‘임마누엘’ 은 성령 하나님을 계시하시는 것이다.

성부, 성자, 성령의 세분 하나님은 “아버지는 나보다 크심이니라.”(요14:28)라고 하심 같이 능력이 같지 않으시며, “나의 원대로 마옵시고 아버지의 원대로 하옵소서.”(마26:39)의 말씀처럼 인격이 전혀 다른 분들이고, “그 날과 그 때는 아무도 모르나니 하늘의 천사들도, 아들도 모르고 오직 아버지만 아시느니라.”(마24:36)라고 하심 같이 전혀 별개의 몸을 갖고 계신, 완전히 독립적으로 존재하시는 세분이다. 이럼에도 불구하고 이렇게 독립적으로 존재하시는 세분이면서 동시에 “나와 아버지는 하나이니라.”(요10:30)라고 하심 같이 분리할 수 없는 한분인, 삼위일체 형태로 존재하고 계신다.

성경의 증거로는 하나님은 분명히 삼위일체 형태로 존재(롬8:9-10)하고 계시지만 하나님의 삼위일체의 존재 형태가 워낙 신비해서, 하나님의 삼위일체론을 성경적으로 정립하여 이해하는 것은 태평양 물을 숟가락으로 모래사장에 퍼내서 말리려는 것과 같은 신비인 것이다. 기독교 역사 이래 하나님의 삼위일체를 성경적으로 올바로 정립한 사람은 아무도 없다.

유일신이신 하나님이 삼위일체의 존재형태로 존재하시는 것은 오직 사람을 위해서고, 삼위일체 하나님이 성령으로 인간의 심령에 ‘임마누엘’ 의 성령침례(마3:11)로 육신인간의 천국구원을 이루게 하기 위해서다. 그래서 주님께서도 “진실로 진실로 네게 이르노니 사람이 물과 성령으로 나지 아니하면 하나님의 나라에 들어갈 수 없느니라.”(요3:5)라고 하셨다.

4) 사람=하나님의 형상과 모양

하나님은 사람을 다른 생명체와는 달리 하나님의 형상과 모양대로 설계하시어 창조하셨다. 하나님을 닮은, 비슷한, 비등한 존재로 사람을 창조하셨다.

• 창조의 설계

하나님은 영(요4:24)이시기 때문에 가시적이거나 물리적인 공간적 존재가 아니므로 외형적으로 닮았다는 말은 아니다.

a. 능력이 비등

성경해석의 원리는 제일 먼저는 성경에 기록한 대로 어린 아이(마11:25)와 같이 가장 직접적으로 양(羊)이면 우선은 짐승인 양을 전제로 해야 한다. 본문에서의 더 구체적인 의미를 파악하려면 양(羊)이라는 단어가 동물 양인지, 하나님의 백성으로서의 양인지, 대속제물로서의 예수 그리스도로서의 양인지는 오직 본문의 앞뒤 문맥으로만 해석해야 한다.

하나님이 사람을 하나님의 형상대로 창조하신 다음에 "바다의 고기와 공중의 새와 육축과 온 땅과 땅에 기는 모든 것을 다스리게 하자."(창1:26)하시고 또 "생육하고 번성하라, 땅을 정복하라, 바다의 고기와 공중의 새와 땅에 움직이는 모든 생물을 다스리라."(창1:28)라고 하신다. 다스리고 정복하려면 다른 모든 것을 갖추었어도 능력이 없으면 가능하지 않다. 하나님의 형상대로 사람을 창조하셨다는 의미는 하나님과 능력이 비등하게 사람을 창조하셨다는 뜻이다. 물론 사람의 능력이 하나님과 비슷하다는 말은 물리적 능력이라는 말일 수는 없다.

b. 자유의지(自由意志)

능력이 비등하다는 의미는 상대방을 자기 마음대로 할 수 없는 자유의지적 존재라는 말이다. 하나님이 사람을 하나님의 형상대로 창조하신 이유 중 가장 중요한 것은 인격적으로 하나님과 화목하게 교제를 할 수 있는 사람으로 설계하셨다는 것이지 하나님이 마음대로 하실 수 있는 존재로 창조하셨다는 말이 아니다. 인간이 추구하는 자유는 하나님의 자유만큼이나 완전자유이어야지 동물이 누리는 자유만으로는 만족할 수 없는 것이 인간이다. 자유가 아니면 죽음을 달라는 것이 인간이다.

인간은 하나님의 형상대로 하나님도 어쩔 수 없는 자유의지를 갖고 있는 존재이기 때문에 하나님을 믿지 않는 죄나 도덕적인 죄의 책임이 자신에게 있다. 자유의지가 없으면 자신의 불신앙이나 죄의 책임도 하나님께 있어야지 자신에게 있어서는 안 된다. 인류의 복잡하고 많은 문제의 역사는 오직 하나님의 형상대로 설계하신 자유의지의 인간이기 때문이다. 전능하신 하나님께도 가장 불가능한 하나가 인간의 자유의지의 문제이다.

하나님이 인간을 하나님을 닮도록 자유의지의 속성이 크고 강하게 설계하셨기 때문에 인간은 자신의 자유의지에 반하는 어떤 노동생산이나 학습효과도 효과적일 수 없다.

c. 지적(知的) 형상

하나님은 지적으로 하나님을 닮게 사람을 설계하셨다. 인간의 능력은 지적 능력이지 물리적 능력이 아니다. 인간이 세상을 다스리고 정복할 수 있는 물리적 능력도 인간육체의 직접적인 능력이 아니라 지적 능력의 산물인 문명의 이기들이다. 새가 아무리 높이 날아도 비행기만큼 높이 날 수 없고, 말이 아무리 빨리 달려도 자동차보다 빠를 수 없으며 악어가 아무리 강해도 총알 하나면 끝난다.

인간은 지적으로 하나님을 닮았기 때문에 지적 열등의식은 물질이나 권력으로도 대체할 수 없다. 지적으로 하나님을 닮게 설계된 인간이기 때문에 누구나 본능적으로 지적 욕구가 하나님만큼이나 무한히 크고 강하다. 이러한 지적 욕구를 어떤 지식으로 어떻게 채우느냐가 문제일 뿐 지적 욕구가 강하지 않은 사람은 아무도 없다. 어느 집이든지 TV만 없으면 자녀들 읽을 책 사 대기가 바쁠 것이고, 사교육시킬 걱정하지 않아도 충분히 공부도 잘하게 될 것이다.

d. 도덕적(道德的) 형상

하나님이 사람을 도덕적으로 하나님과 닮게 창조하셨기 때문에 선하고 의롭고 싶지 않은 사람은 없다. 하나님이 인간을 도덕적으로 하나님을 닮게 창조하셨기 때문에 종교적 양심이 없는 사람은 없다. 천하의 악당들도 선하고 의롭게 살고 싶어 하지 악하게 살기를 원하지 않는다. 도덕적으로 하나님을 닮은 인간을 "내가 원하는 바 선은 하지 아니하고 도리어 원치 아니하는 바 악은 행하는도다." (롬7:19)라는 성경은 사도 바울의 고백을 통해 증거한다.

그럼에도 선하게 살지 못하는 것은 선하게 살 능력이 없기 때문이지 악하기를 원해서가 아니다. 인간의 문제는 능력의 문제이지 선과 악의 문제가 아니다. 인간이 스스로 구원을 이룰 수 없는 것은 인간 자신에게는 자력으로 구원을 얻을 능력이 없기 때문이지 죄악을 원해서가 아니다. 그래서 바울은 "오호라 나는 곤고한 사람이로다 이 사망의 몸에서 누가 나를 건져 내랴." (롬7:24)라고 탄식하며 주님의 구원을 갈망하고 있는 것이다. 구원은 오직 "그리스도 예수 안에 있는 생명의 성령의 법이 죄와 사망의 법에서 너를 해방하였음이라."(롬8:2)는 말씀대로 성령으로 침례를 받지 않고서는 어떤 방법으로도 불가능하다.

e. 영적 형상

하나님은 인간을 영적으로 하나님을 닮게 창조하셨다. 사람이 영적으로 하나님을 닮았기 때문에 뱀이 "너희가 그것을(선악과) 먹는 날에는 너희 눈이 밝아 하나님과 같이 된다."(창3:5)고 하와를 미혹할 수 있었다. 사람은 영적으로 하나님과 닮았기 때문에 하나님과 같이 되고 싶은 욕구가 "동산 각종 나무의 실과는 네가 임의로 먹되 선악을 알게 하는 나무의 실과는 먹지 말라 네가 먹는 날에는 정녕 죽으리라."(창2:16-17)라고 하신 경고를 무시하고 목숨을 걸고 선악과를 따먹(창3:6)을 정도로 크고 강한 것이다.

하나님이 인간을 영적으로 하나님을 닮게 창조하신 것은 인간을 구원하기 위해서다. 하나님과 같이 되고 싶은 영적 욕망이 없으면 인간은 절대로 구원 받을 수 없다. 뱀이 개에게 하나님과 같이 되게 하는 선악과를 먹으라고 미혹해도 개는 하나님과 같이 되고 싶은 욕망이 없기 때문에 선악과에 관심이 있을 수 없다. 하나님의 인간구원은 선악과 범죄로 하나님의 형상을 잃은 인간이 하나님을 영접(요1:12)

하여 다시 하나님의 형상을 회복하는 것이 하나님의 구원설계다.

5) 다스리다 רדה rada, 라다

하나님이 6일 동안에 온 우주 만물을 창조하시고 마지막으로 사람을 창조하시고 '바다의 고기와 공중의 새와 육축과 온 땅과 땅에 기는 모든 생물을 다스리라.' 라고 명령하셨다.

• 창조의 설계

하나님은 하나님의 형상대로 창조하신 사람에게 전지전능하시고 절대선 절대의이신 하나님이 하나님의 보시기에 좋게 창조하신 만물을 잘 보존하고 관리할 책임을 인간에게 부여하셨다. 그렇기 때문에 사람은 가능하면 생태계가 자연 그대로 보존될 수 있도록 최선을 다 해야 한다. 어쩔 수 없이 자연을 훼손해야 할 경우에도 항상 하나님이 맡겨주신 관리책임을 고려해야 한다. 당장의 편의주의적 난개발은 하나님 앞에 죄짓는 것이다.

6) 생육하다 פרה para, 파라

하나님은 사람을 하나님의 형상대로 창조하시고 '생육하고 번성하여 땅에 충만하라, 땅을 정복하라.' 라고 명령하셨다.

• 창조의 설계

사람이 생육하고 번성하여 땅을 정복해야 하는 것이 하나님의 뜻이다. 인위적으로 남녀와 출산을 조절하거나 제한하는 것은 하나님 앞에 죄다. 한 때는 개발도상국들의 산아제한을 당연한 것으로 받아들인 때도 있었으나 결국 인구가 증가하지 않으면 안 된다는 성경적 진리를 이제야 깨닫고 나라마다 출산 장려책을 강구하고 있으나, 많은 나라에서는 여전히 인구가 감소하고 있다. 인구 감소는 재앙이라는 성경적 진리를 이제야 깨닫는 것 같다.

출산이나 남녀의 비율은 하나님이 조절하셔야지 사람이 해서는 안 된다. 땅은 사람이 생육하고 번성하여 충만함에 부족함이 없게 창조하셨다. 식량부족은 인간의 탐욕의 문제지 땅의 문제가 아니다.

7) 초식동물(草食動物)

하나님이 "내가 온 지면의 씨 맺는 모든 채소와 씨가진 열매 맺는 모든 나무를 너희에게 주노니 너희 식물이 되리라. 또 땅의 모든 짐승과 공중의 모든 새와 생명이 있어 땅에 기는 모든 것에게는 내가 모든 푸른 풀을 식물로 주노라." 라고 하심 같이 사람뿐 아니라 모든 동물을 초식동물로 창조하셨다.

• **창조의 설계**

처음 하나님이 창조하셨을 때는 모든 동물은 육식이 아닌 초식을 했다. 그러나 노아의 홍수 후부터는 "무릇 산 동물은 너희의 식물이 될지라. 채소 같이 내가 이것을 다 너희에게 주노라."(창9:3)라고 하신대로 오늘에 이르기까지 육식을 하게 됐다. 하지만 언젠가는 다시 "이리와 어린 양이 함께 먹을 것이며 사자가 소처럼 짚을 먹을 것이며 뱀은 흙으로 식물을 삼을 것"(사65:25)이라는 말씀대로 회귀성의 원리대로 초식만 하는 세상으로 바뀔 것을 성경은 계시하신다.

8) 심히 좋았더라

'하나님이 그 지으신 모든 것을 보시니 보시기에 심히 좋았더라'는 하나님의 6일 창조에 대한 하나님 자신의 총평이다.

• **창조의 설계**

하나님은 온 우주 만물을 6일 동안 창조하시면서 매 건마다 창조하신 것을 스스로 평가하시고는 마지막으로 총평을 하셨다. 전지전능하시고 절대선 절대의이신 하나님이 최선 최고로 창조하셨다는 말씀이다.

a. 사람 창조의 평가

하나님은 사람을 하나님의 형상대로 창조하시고서도 '하나님의 보시기에 좋았더라' 라고 평가하지 않으신다. 하나님은 전능하셔서 육지동물을 물고기와 새와 함께 혼을 창조하신 다섯째 날 창조하시는 것이 더 자연스러운데도 의도적으로 여섯째 날 사람을 창조하신 것은 같은 날에 창조하시면서 '하나님의 보시기에 좋았더라' 를 육지동물에 대해서만 국한해서 평가하시고 사람에 대해서는 생략하신 것을 올바로 읽게 하기 위함이시다. 하나님께서 사람은 의도적으로 '하나님의 보시기에 좋았더라' 로 창조하신 것이 아니라는 사실을 강조하신 것이다.

첫째 날에도 여섯째 날 사람창조에서와 같이 천지(창1:1)를 창조하시고는 '하나님의 보시기에 좋았더라' 를 생략하고 '혼돈과 공허와 흑암이 깊음 위에 있다' (창1:2)고 하시어 '하나님의 보시기에 좋더라' 가 아니라는 점을 확인케 하시고는 빛에만 국한해서 '그 빛이 하나님의 보시기에 좋았더라' 고 하신 것과 같다. 사람은 하나님의 형상대로 창조하셨지만 하나님의 보시기에 좋게 설계하시지 않으셨다. 이점이 '7일 창조의 설계도' 의 해석의 핵심이라는 하나님의 강조법이다.

b. 하나님의 보시기에 좋았더라

하나님이 창조하시고 '하나님의 보시기에 좋았더라' 라고 평가하신 것은 첫날의 빛과 셋째 날의 중력과 식물, 넷째 날의 천체, 다섯째 날의 물고기와 새 그리고 여섯째 날의 육지동물 창조다. 6일 창조에서 '하나님의 보시기에 좋았더라' 가 생략된 곳은 첫날의 천지(창1:1)와 둘째 날의 물막(창1:6-8) 그리고 여섯째 날의 사람창조다.

사람 창조와 직접 관계되지 않은 첫날의 빛, 셋째 날의 중력과 식물, 넷째 날의 천체, 다섯째 날의 물고기와 새 그리고 여섯째 날의 육지동물 창조는 전부 '하나님의 보시기에 좋았더라' 고 하시고 사람과 직접 관계된 창조는 하나 같이 '하나님의 보시기에 좋았더라' 가 없다.

c. 심히 좋았더라

전지전능하시고 절대선 절대의이신 하나님의 '7일 창조의 설계도' 는 모든 자연 만물은 '하나님의 보시기에 좋았더라' 의 완성태로 창조하셨지만, 사람은 하나님의 형상대로 창조하셨음에도 불구하고 '하나님의 보시기에 좋았더라' 가 없는 것은 사람은 발전태로 설계하셨기 때문이다. 하나님의 형상대로 창조하셨으나 발전태이기 때문에 아직 완성되기 전까지는 '하나님의 보시기에 좋았더라' 일 수 없는 것이다. 자연은 완성태로 사람은 발전태로 창조하신 것이

'하나님의 보시기에 심히 좋았더라' 의 '7일 창조의 설계도' 인 것이다. 하나님의 최선의 설계와 창조의 결과라는 말씀이다.

하나님이 인간을 하나님의 형상대로 창조하셨지만 발전태로 설계하셨기 때문에 금단의 열매인 선악과를 따먹었지 완성태로 창조하셨으면 선악과를 따먹었을 리가 없다. 선악과는 하나님이 실수로 에덴 동산에 두신 것이 아니다.

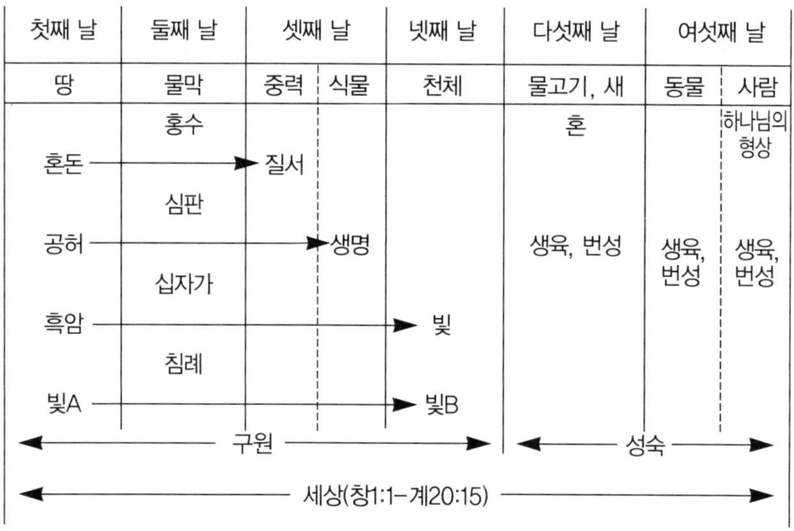

7장.

일곱째 날

천지와 만물이 다 이루니라. 하나님의 지으시던 일이 일곱째 날이 이를 때에 마치니 그 지으시던 일이 다하므로 일곱째 날에 안식하시니라. 하나님이 일곱째 날을 복 주사 거룩하게 하셨으니 이는 하나님이 그 창조하시며 만드시던 모든 일을 마치시고 이 날에 안식하셨음이더라.(창2:1-3)

1) 제4계명

하나님은 십계명을 주시면서 제4계명으로 안식일 계명을 주셨다.

"안식일을 기억하여 거룩히 지키라. 엿새 동안은 힘써 네 모든 일을 행할 것이나 제7일은 너의 하나님 여호와의 안식일인즉 너나 네 아들이나 네 딸이나 네 남종이나 네 여종이나 네 육축이나 네 문안에 유하는 객이라도 아무 일도 하지 말라. 이는 엿새 동안에 나 여호와가 하늘과 땅과 바다와 그 가운데 모든 것을 만들고 제7일에 쉬었

음이라. 그러므로 나 여호와가 안식일을 복되게 하여 그 날을 거룩하게 하였느니라."(출20:8-11)

2) 안식일 계명

안식일만 성경적으로 올바로 정립했어도 기독교는 물론 유대교나 회교가 오늘날과 같이 비 성경적 종교가 되지는 않았을 것이다.

a. 구약의 안식일

하나님은 광야에서 40년을 이스라엘을 먹이시면서도 "6일 동안은 너희가 그것을(만나) 거두되 제7일은 안식일인즉 그 날에는 없으리라 하였으나 제7일에 백성 중 더러가 거두러 나갔다가 얻지 못하니라."(출16:26-27)와 같이 안식일에는 만나도 주시지 않았다. 뿐만 아니라 "무릇 이 날에 일하는 자를 죽일지니 안식일에는 너희의 모든 처소에서 불도 피우지 말지니라."(출35:2-3)라고 하시고 안식일에 나무한 자를 "그 사람을 반드시 죽일지니 온 회중이 진 밖에서 돌로 그를 칠지니라."(민15:35)라고 하셨다. 사람이나 동물들 같은 생명체에게만 안식을 주라고 하신 것이 아니다. 땅도 안식하라고 하신다. 6년은 농사를 짓되 제7년은 안식년으로 땅으로 쉬어 안식(레25:3-4)하게 해야 한다.

b. 신약의 안식일

안식일에 주님의 제자들이 밀밭에서 이삭을 잘라 먹고(마12:1-8), 주님이 한편 손 마른 자(막3:1-6)와 고창병자(눅14:1-6)를 고치시는 문제뿐 아니라 병고침을 받은 자에게 "안식일인데 네가 자리를 들고 가는 것이 옳지 아니하니라."(요5:10)라고 시비하는 유대인들에게 "내가 안식일에 사람의 전신을 건전케 한 것으로 너희가 나를 노여워하느냐"(요7:23)라고 하심과 같이 안식일 계명의 문제로 주님과 유대인들이 갈등한다. 많은 경우 복음서에서 주님이나 사도행전에서 사도들이 안식일에 회당에 모인 유대인들에게 복음을 전한 것이다. 서신서에서의 율법의 대명사를 할례(갈5:11)라고 함과 같이 복음서에서의 율법의 대명사가 안식일이다. 이렇게 신약성경은 안식일 계명을 배경으로 기록되었다.

c. 유대교의 안식일

누구든지 유대교의 율법대로 할례를 받고, 음식을 먹고(코쉐), 안식일만 지키면 유대교인이 될 수 있다. 지금도 이스라엘에서는 안식일이 되면 유대교인들이 굴뚝에 연기를 내지 않아야 하는 등의 안식일 계명을 온전히 지키기 위해 호텔에 투숙한다. 안식일의 유대교인 전용 호텔 엘리베이터는 안식일 계명을 범하지 않도록 버튼을 누르지 않아도 자동으로 매 층마다 멈추게 돼 있다.

3) 안식일의 갈등

누가복음(눅13:10-17)에 주님께서 안식일에 한 회당에서 가르치실 때에 18년 동안을 귀신들려 앓으며 꼬부라져 조금도 펴지 못하는 한 여자에게 안수하시어 고치신 기사가 자세히 기록되어 있다. 주님께서 안식일에 병 고치시는 것에 대해 회당장이 분을 낸다. 이러한 회당장의 항의에 대해 주님께서 안식일에 병 고치시는 것이 안식일 계명을 범하는 것이 아니라 오히려 안식일 계명을 온전히 지키신 것이라는 점을 논증하신다. 이런 주님의 설명을 들은 모든 반대하는 자들은 부끄러워했다고 말씀한다.

4) 모세 5경

주님이 설명하시는 주님과 유대인 간의 안식일계명에 관한 갈등의 핵심은 주님이 안식일계명을 무시하시어 지키지 않으신다는 점이 아니라 안식일 계명의 해석의 차이라는 것이다.

a. 제4계명

안식일 계명에 관한 해석의 차이는 어느 성경을 근거로 정립했느냐의 차이이다. 유대인들이 정립한 안식일계명 근거의 성경은 출애굽기에 기록하고 있는 10계명 중의 제4계명이다. 이렇게 안식일 계명을 제4계명으로 해석하면 유대인의 안식일계명관이 성경적이지 주님의 안식일계명관은 옳지 않다.

b. 모세 4경

유대교인들은 세상의 어떤 유신종교보다도 창세기, 출애굽기, 레위기, 민수기, 신명기의 모세 5경은 일점일획도 오류가 없는 완전한 하나님의 계시의 말씀이라는 점과 모세 5경에 가장 합치하는 교리가 유대교의 교리라는 점에 관해서는 확실한 믿음을 갖고 있다. 유대교에서 창세기를 제외한 모세 4경이란 상상조차 할 수 없는 말이다.

그런데 이렇게 모세 5경에 대한 확실한 믿음을 갖고 있는 유대교의 안식일 교리의 성경적 근거는 모세 4경이지 모세 5경이 아니다. 안식일의 신학을 창세기(창2:1-3)에서 정립하지 않고 출애굽기(출20:8)에서 정립한 것이다. 유대교의 문제의 핵심은 창세기를 생략한 모세 4경에서 정립한 데 있다.

c. 모세 5경과 모세 4경

신구약 성경 66권이 일점일획도 오류가 없는 하나님의 말씀이라는 의미는 문자적으로 오류가 없게 완전히 계시하셨다는 의미만이 아니다. 모세 5경에 창세기를 첫 번째 책으로 한 성경의 편집도 하나님이 완전히 주관하셨다는 말씀이다. 출애굽기에서 안식일 계명은 반드시 창세기에서 안식일 신학을 정립한 전제에서 해석해야 하는 것이다. 주님과 유대인 간의 안식일 계명의 해석 차이는 모세 5경과 모세 4경의 차이이다. 주님은 창세기에서 안식일의 신학을 정립하신 것이고 유대인들은 출애굽기에서 정립한 차이인 것이다.

이는 안식일계명에 국한된 문제가 아니다. 유대교의 다른 모든 교리의 문제도 창세기에서 정립한 신학을 근거로 나머지 4경을 해석한 것이 아니라 모세 4경에서 정립한 교리로 창세기를 해석하고 있기 때문이다. 이런 차이가 결국 예수를 십자가에 못 박은 것이다. 가시적 결과만이 기준인 인간의 본능대로 성경을 해석한 결과다. 이렇게 구약을 신학적으로 올바로 정립하지 못하고 있다는 점은 유대교뿐 아니라 회교나 기독교에서도 마찬가지다.

d. 복음서신학

가시적 결과만이 기준인 인본적인 기독교에 있어서의 복음서와 서신서의 문제도 유대교와 조금도 다르지 않다. 그리스도인이라면 누구나, 성경의 배열상 복음서가 서신서보다 앞에 있을 뿐 아니라 기독교는 "믿음은 들음에서 나며 들음은 그리스도의 말씀으로 말미암았느니라."(롬10:17)라고 말씀하기 때문에 복음서에서 정립한 신학 바탕 위에 서신서를 해석해야 옳다고 생각한다. 그러나 기독교 신학의 실제는 서신서 신학을 바탕으로 복음서를 해석하고 있지 복음서를 바탕으로 서신서를 해석하고 있는 교회는 세상에 하나도 없다.

5) 이루다 כלה kala, 카라

천지와 만물이 다 이루니라.

• 창조의 설계

전지전능하시고 절대선 절대의이신 하나님의 온 우주 만물의 6일 창조는 설계하신대로 하나님의 보시기에 가장 좋게 완료됐다. 하나님이 하실 일이 남아 있는데 일곱째 날에 안식하셨다는 말씀이 아니라 이 세상에는 더 이상 하나님이 하실 일이 없도록 하나님이 보시기에 심히 좋게 창조를 끝내셨기 때문에 일곱째 날에 안식하셨다는 말씀이다.

6) 일곱째 날

일곱째 날이 이를 때에 천지 창조를 마치셨다.

• **창조의 설계**

6일 창조를 여섯째 날 저녁에 마치신 것이 아니라 일곱째 날 아침이 시작되기 직전에 마치셨다.

a. **날 יוֹם**

날(日)은 시간 개념이다. 하루는 24시간이다. 하나님은 하루 24시간씩 6일 동안에 천지를 창조하셨다. 6일 창조를 마치시고 일곱째 날이 됐다. 그런데 이 일곱째 날은 천지를 창조하신 6일의 날들이 연속되는 날이 아니다. '태초에'(창1:1)부터 시작해서 하루 24시간씩 창조하신 6일과는 다른 특별한 날로 창조하신 날이다.

b. **복주다 בָּרַךְ**

일곱째 날을 복주셨다. 일곱째 날 자체에게 복을 주셨다는 말씀이다. 복을 주고 또 받을 수 있는 대상의 정체는 존재하는 것이지 흘러 지나가는 시간일 수 없다. 6일 창조를 하시면서도 하나님이 복을 주신 것은 혼으로 창조하신 동물(창1:22)과 하나님의 형상대로 창조하신 사람(창1:28)이지 6일의 날들에게는 주시지 않았을 뿐 아니라 주실 수도 없다.

6일은 복 있는 날들이 아니다. 일곱째 날만 복이 있는 날이다. 첫째 날에서 시간적 개념이 낮과 밤을 상태적 개념의 빛과 어두움으로 규정하심(창1:5)과 같이 일곱째 날도 시간적 개념의 날이 아니라 상태적 개념으로서의 날로 이해해야 옳다.

c. 거룩하다 קדשׁ qadash, 카다쉬

일곱째 날을 거룩하게 하셨다. 일곱째 날 자체를 거룩하게 하셨다는 말씀이다. 복을 주는 것과 마찬가지로 거룩하게 할 수 있는 대상은 시간일 수 없다. 그래서 6일 창조의 날들을 거룩하게 하신 날은 없다. 하나님의 형상대로 창조하신 사람도 거룩하게 하시지 않았다. 일곱째 날만 거룩하게 하셨다. 일곱째 날은 6일들과는 전혀 다른 구별된 거룩한 날이다. 6일은 거룩한 날들이 아니다. 일곱째 날만 6일과는 구별되는 거룩한 날이다.

d. 저녁이 되며 아침이 되니

첫째 날부터 여섯째 날까지는 매일 저녁이 되고 아침이 됐다. 일곱째 날은 저녁도 되지 않고 아침도 되지 않았다. '저녁이 되며 아침이 되니' 가 없는 날이다.

일곱째 날은 시간이 없는 날이다.

7) **안식일 שבת shabath, 샤바트**

일곱째 날은 6일과는 구별된 거룩한 날이다.

6일에는 없던 복이 있는 날이다.

시간이 없는 날이다.

• **창조의 설계**

일곱째 날은 세상 날이 아니다.

a. 안식일=천국

이 세상에는 시간이 없는 날이 없다.

시간이 없는 날은 천국뿐이다.

하나님이 안식하시는 곳은 천국이지 세상이 아니다.

안식일은 초월적인 영계인 천국의 실재성을 가시적으로 설계하신 날이다.

하나님이 이 땅에 오신 것은 일하시려고 오신 것이지 안식하려고 오신 것이 아니다.

안식일은 하나님이 세상에 오셔서 6일 동안에 온 우주 만물의 창조를 다 마치시고 천국에서 안식하시는 것 같이 육신의 일을 다 마치고 사후에 천국에서 구원을 이루고 하나님처럼 모든 얽매였던 것에서 벗어나 천국에서 누리는 완전한 자유를 믿게 하기 위해서 육적으로 설계하신 것이다. "안식일은 사람을 위하여 있는 것이요 사람이 안식일을 위하여 있는 것이 아니니라."(막2:27)

안식일은 천국이고 구원이고 자유다.

세상에는 복된 날이 없다. 복된 날은 오직 천국뿐이다. 주님께서도 세상에서 "심령이 가난한 자는 복이 있나니 천국이 저희 것임이요."(마5:3)라고 하시고 세상에서 "의를 위하여 핍박을 받은 자는 복이 있나니 천국이 저희 것임이라."(마5:10)고 하시어 천국에만 복이 있다고 말씀하셨다.

세상에는 거룩한 날이 없다. 아무리 깨끗하고 경건한 마음으로 하나님을 경배해도 성경은 세상에는 "의인은 없나니 하나도 없으며 깨닫는 자도 없고 하나님을 찾는 자도 없고 다 치우쳐 한가지로 무익하게 되고 선을 행하는 자는 없나니 하나도 없도다."(롬3:10-12)라고 하시는 것이다. 거룩한 날은 오직 천국에만 있다.

b. 주님의 안식일(눅13:10-17)

주님과 회당장의 안식일 계명의 논쟁에서 귀신들려 앓으며 꼬부라져 조금도 펴지 못하는 것을 주님은 사단에게 '매인바' 로 병 고침을 받은 것을 병에서 '놓였다' 라고 하시고, 안식일에 소나 나귀에게 물을 먹이는 것도 그냥 물을 먹인다고 하시지 않고 마구에서 '풀어내어' 물을 먹인다고 말씀하신다. 주님께서는 안식일 계명을 철저하게 창세기적인 자유의 개념으로만 해석하시는 것에 반해 회당장은 출애굽기적으로 해석하고 있다.

창세기는 하나님의 창조의 설계이고, 출애굽기 이하는 창조의 원리를 적용한 훈련이다. 마찬가지로 복음서는 기독교 복음의 원리고, 서신서는 복음적 원리를 적용한 용례들이다.

c. 샤바트 שַׁבָּת

안식일שַׁבָּת은 설명은 가능하지만 다른 나라 말로 번역은 할 수 없는 단어다. 그래서 헬라어로 기록된 신약성경에서도 '샤바트' άββατον로 영어성경도 '샤바트' Sabbath로 음역을 한 것이다. 히브리어 שַׁבָּת는 안식일로 번역할 수 없는 단어다.

샤바트는 천국이고 구원이고 자유다.

8) 성경적 구원

성경이 계시하고 약속하는 육신의 인간구원(행1:4)은 인간의 자력으로도, 하나님이 직접 구원하신다는 것도 아니다. 하나님이 성육신(成肉身)하신 하나님이면서 동시에 인간이신 신인(神人)이신 메시아가 구원하신다는 것이다.

a. 안식 구원

육신 사후에 천국에 들어가는 구원을 "내 안식에 들어오지 못하리라" 라고 구약(시95:11)에서도 신약(히3:18)에서도 말씀하시고 "이미 믿는 우리들은 저 안식에 들어가는도다." (히4:3)라고 하신다.

b 안식년 구원

안식일은 천국 구원과 자유의 설계를 육적으로 계시하신 것이기 때문에 "네가 히브리 종을 사면 그가 6년 동안 섬길 것이요 제7년에는 값없이 나가 자유할 것이라." (출21:2)라고 하심과 같이 안식년은 히브리 종들이 구원 받는 해이며, 자유를 얻는 해이다.

c. 희년 구원

종이 안식년에 자유를 얻어도, 몸만 구원을 얻는 것이기 때문에 천국의 완전구원이라고는 할 수 없다. 완전구원이기 위해서는 몸만이 아니라 토지도 되돌려 받아야 가능하다. 완전한 천국구원을 '샤바트' 구원으로 설계하신 것이 '희년' 의 구원이다. 안식년 7번인 49년 다음 해인 제50년의 "희년에는 너희가 각기 기업으로 돌아갈지라." (레25:13)와 같이 몸뿐 아니라 재산까지도 회복되는 완전한 구원의 해인 것이다.

d. 메시아 구원

메시아 구원의 복음은 "주의 성령이 내게 임하셨으니 이는 가난한 자에게 복음을 전하게 하시려고 내게 기름을 부으시고 나를 보내사 포로 된 자에게 자유를, 눈 먼 자에게 다시 보게 함을 전파하며 눌린 자를 자유케 하고 주의 은혜의 해를 전파하게 하려 하심이라." (눅4:18-19)라고 하심 같이 희년의 복음이지 십자가에서 흘리신 보혈로 대속하는 구원이 아니다.

9) 7일 창조의 설계도

하나님은 6일동안 세상의 온 우주 만물을 창조하시고 제7일에 천국에서 '샤바트' 하셨다.

창조의 설계

하나님의 창조의 목적은 육신의 인간을 통해 천국을 완성하시는 것이기 때문에 하나님의 '7일 창조의 설계도' 는 인간의 구원(창1:1-19)과 성화(창1:20-31)와 천국구원(창2:1-3)을 계시함과 동시에 세상의 역사(창1:1-계20:15)와 천국(계21:1-22:21)을 계시하도록 설계하셨다. 누구든지 하나님의 '7일 창조의 설계도' 를 올바로 읽지 못하고서는 성경적인 복음도 신학의 정립도 가능하지 않다.

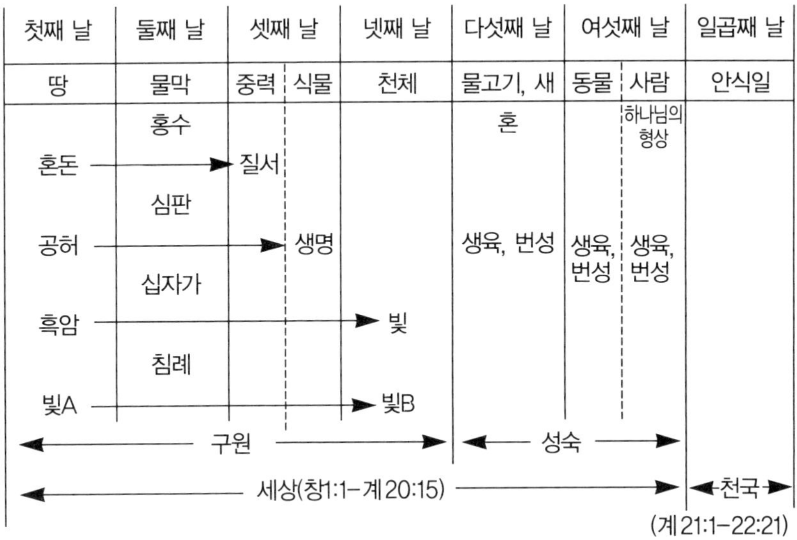

성경으로 돌아가자.

Back to the Bible.

7일
창조의 설계도

창세기1장 강해

지은이 | 최영삼

펴낸날 | 2012년 3월 25일
펴낸이 | 최의중
펴낸곳 | 도서출판 겨자씨앗

주소 | 서울 성동구 성수2가 275-11번지
전화번호 | (02)467-8831
팩스번호 | (02)462-2381
출판등록 | 제2011-000064호

ISBN 978-89-967522-8-8 03230

책값은 뒤표지에 있습니다.
잘못된 책은 교환해드립니다.